DIOS ESTÁ EN LAS PEQUEÑAS COSAS

y todo importa

AF807996

DIOS ESTÁ EN LAS PEQUEÑAS COSAS

y todo importa

BRUCE Y STAN

inspiración para la vida
CASA PROMESA
Una división de Barbour Publishing, Inc.

DIOS ESTÁ EN LAS PEQUEÑAS COSAS
y todo importa
BRUCE Y STAN
© 2011 por Casa Promesa
ISBN 978-1-61626-258-7

Título en inglés: *God Is in the Small Stuff*, © 1998 por Bruce Bickel y Stan Jantz

Todos los derechos reservados. Ninguna parte de esta publicación puede ser reproducida o transmitida con propósitos comerciales, sin permiso escrito de la editorial.

Las iglesias y otras entidades con intereses no comerciales pueden reproducir parte de este libro sin autorización escrita expresa de Casa Promesa, siempre que el texto no exceda las 500 palabras o el cinco por ciento del todo el libro, o menos, y que no sea material citado de otra editorial. Cuando se reproduzca el texto de este libro, debe incluirse las siguientes líneas de crédito: De "Dios en las pequeñas cosas y todas son importantes", publicado por Casa Promesa. Usado con permiso.

Citas bíblicas tomadas de "La Biblia al Día" © 1979 International Bible Society y "La Biblia de las Américas" © 1986 The Lockman Foundations.
Usadas con permiso.

Desarrollo editorial: *Semantics*, P.O. Box 290186, Nashville, TN 37229
semantics01@comcast.net

Traducido al español por Sergio Maldonado.

Published by Casa Promesa, Inc., P.O. Box 719, Uhrichsville, Ohio 44683
www.casapromesa.com

Nuestra misión es publicar y distribuir productos inspiradores que ofrezcan valor excepcional y motivación bíblica al público.

ecpa Member of the Evangelical Christian Publishers Association

Impreso en Estados Unidos de América.

Contenido

Introducción

Un popular libro sugiere que no tienes que preocuparte acerca de las pequeñas cosas. Estamos de acuerdo, pero nos oponemos a cualquier idea de que las pequeñas cosas no son importantes. De hecho, deseamos animarte a que examines de cerca y valores las circunstancias que aparentan ser comunes y que a diario te tocan vivir. ¿por qué? Porque Dios está en todos los detalles de tu vida.

¡Imagínate eso! El Creador todopoderoso del universo está interesado y activo en los detalles de tu vida. Dios presta atención a lo que estás haciendo o pensando. Él quiere consolarte en tiempos de desesperación, presiones y problemas. Él quiere animarte y guiarte a través de las grandes decisiones de la vida. Él quiere entretejer los "hilos" de tu vida diaria para formar un "tapiz" divinamente diseñado.

En ocasiones es fácil sentir la presencia de Dios cuando observas la obra de sus manos en la naturaleza. Tú ves su majestad en las montañas cubiertas de nieve; sientes su paz en una noche estrellada. Éstas son poderosas manifestaciones de la grandeza de Dios, pero contemplar a Dios en la naturaleza a menudo nos deja con un concepto incompleto de Él. Pensamos acerca de Dios como vasto, inmenso e impersonal.

El propósito de este libro es ayudarte a que mires a Dios en una forma personal. Dios creó el universo, pero también *te* creó a ti. Dios *te* conoce, Dios *te* ama, y Dios tiene cuidado de los más insignificantes detalles de *tu* vida.

> *Por lo tanto, te aconsejo que no te preocupes por la comida, la bebida, el dinero y la ropa, porque tienes vida y eso es más importante que comer y vestir. Fíjate en los pájaros, que no siembran ni cosechan ni andan guardando comida, y tu padre celestial los alimenta. ¡Para Él tú vales más que cualquier ave!*
>
> MATEO 6.25-26 LA BIBLIA AL DÍA

Estamos convencidos de que aprenderás mucho más acerca de Dios (y de ti mismo) a medida que comiences a reconocer a Dios en los detalles cotidianos de la vida. "lo que hace patente a Dios en nosotros", escribió Oswald Chambers, "no son las grandes bendiciones, sino las pequeñeces, pues ellas reflejan Su maravillosa intimidad con nosotros. Él conoce todos los detalles de cada una de nuestras vidas".

Este libro contiene cuarenta ensayos breves para guiarte en tu camino a descubrir a Dios en los detalles. Al fin de cada ensayo, hemos incluido una lista de "proverbios" contemporáneos e ideas para focalizar tus pensamientos en las "pequeñas cosas" de tu vida.

Esperamos y oramos que seas colmado por el amor de Dios al comenzar a contemplarlo en las pequeñas cosas de la vida... que reconozcas Su plan en los detalles y en las circunstancias aparentemente ordinarias... y que te conectes con Dios en una forma más significativa en tanto escoges seguir Su plan personalmente diseñado para ti.

Bruce y Stan

¿No comprendan todavía?
¿Aún no saben que el Dios eterno, el creador de los sitios más lejanos de la tierra, jamás se fatiga ni desmaya? Nadie puede sondear las profundidades de su entendimiento.

Isaías 40.28
La Biblia al Día

UNO

Comprende la naturaleza de Dios

¿Quién es Dios? ¿Es Él un misterio para ti? ¿Anhelas conocerlo mejor? Es posible que aun te preguntes si Él en verdad existe. No hay problema. La gente se ha preguntado acerca de Dios por muchísimo tiempo desde que... bueno, por muchísimo tiempo desde que ha habido gente. Desean saber si Él ha hecho el mundo y todo lo que en él hay. Y si Él lo hizo, se preguntan si aún se interesa por lo que sucede en él.

Tal vez has pasado por todas esas preguntas. Definitivamente crees en Dios pero no lo conoces. No comprendes su naturaleza, en otras palabras su personalidad. Tú no eres el único. Para muchos (incluso quienes pretenden ser religiosos) la naturaleza de Dios es un misterio. Es como si Dios estuviera detrás de alguna nube oscura, ocasionalmente hablando con voz profunda a los profetas y a tantos (tú sabes, tal como le habló a Charleton Heston en *Los Diez Mandamientos*). Otros piensan que Dios quiere privarlos de pasar un buen tiempo. Si ellos se acercan a Dios, temen que tendrán que perder su libertad.

Si bien es cierto que hay cosas acerca de Dios que nunca sabremos (después de todo, Él es Dios), hay muchas cosas que sí podemos conocer. Por ejemplo, cuando miramos en nuestro universo (ya sea a través de un microscopio, un telescopio, o con nuestra simple vista) encontramos un increíble diseño, orden y belleza. Eso significa que el diseñador (que sería Dios) debe ser un ser de diseño, orden y belleza. Y Él debe ser bastante poderoso.

Cuando nos miramos a nosotros mismos y vemos que todos tenemos alguna idea acerca de Dios (aun cuando niegas su existencia, tienes que pensar en Él), eso significa que el Creador (Dios nuevamente) puso esa idea en nosotros. Sin embargo

Dios es más que una idea. Él es más que un símbolo del bien o un impersonal "ser superior". Dios es un Ser espiritual muy real y que siempre ha existido en el pasado, existe ahora, y siempre existirá en el futuro. Dios es personal. Dios está presente en nuestro mundo. Y Dios nos ha revelado su naturaleza. Todo lo que tenemos que hacer es parar, mirar, y escuchar.

...En las pequeñas cosas

- Dios sabe lo que hay en nuestros corazones.
- Podemos ir al grano.
- Recuerda que Dios te valora por lo que eres, y no por lo que haces.
- La verdadera fe implica esforzarte hasta donde puedas y permitir que Dios se encargue del resto.

- Dios nunca conducirá a un alma sedienta hasta un manantial seco.
- Dios habla. ¿Le oyes?
- Dios ordena. ¿Le obedeces?
- Dios está al frente. ¿Le sigues?
- Es más probable que Dios te hable en un gentil susurro que en voz alta.
- Dios no te quitará un pecado hasta que se lo entregues.
- La mayoría de las veces en que necesitas a Dios son cuando no piensas que lo necesitas.
- Fe no es una emoción. Es una confianza objetiva en un Dios muy real.
- La forma en que piensas acerca de Dios no define lo que Él es.

- Una cualidad de la naturaleza de Dios que debería estremecernos es su justicia.
- Una cualidad de la naturaleza de Dios que debería confortarnos es su amor.
- No te preocupes en probar la existencia de Dios, pues nadie puede refutarla.
- No puedes trabajar duro y hacer grandes esfuerzos, o endulzar tu hablar para entrar en el cielo.
- Tu fe es lo que importa.
- La religión es un intento del hombre para encontrar a Dios. El Evangelio es el plan de Dios para alcanzar al hombre. No permitas que la religión se interponga en el camino de tu salvación.
- Agradece a Dios que tu salvación no depende de ti.

Oramos asimismo que sus vidas
agraden y honren al Señor, que
siempre hagan el bien a los demás,
que cada día conozcan mejor a Dios.

Colosenses 1.10
La Biblia al Día

DOS

Conoce mejor a Dios

¿Te parece Dios distante? ¿Está lejos de ti? Puede ser ésta la causa por la que estás esperando que Dios venga a ti. Si es así, entonces hay cosas que ignoras.

Dios nos ha dado su Palabra, su Hijo, y su Espíritu. Eso es más de lo que siempre necesitamos para entender a Dios (y ciertamente más de lo que podemos absorber en una vida). Pero el siguiente paso pertenece a cada uno de nosotros. Esto es disponernos para leer la Palabra de Dios, para creer en su Hijo, y para seguir la guía del Espíritu Santo.

Como ves, Dios es un perfecto caballero. Él nunca va a forzar a alguien para atraerlo a sí mismo. Él desea ansiosamente una significativa y profunda relación personal contigo, pero no forzará Él mismo una decisión. Tú debes tomarla voluntariamente. De modo que, si quieres conocer mejor a Dios, *tú* debes acercarte a *Él*. Cuando Jesús afirmó este principio, Él presentó la relación como una invitación:

> *Recuerda, yo estoy siempre a la puerta y llamo, si alguno escucha mi llamado y abre la puerta, entraré y cenaré con él y él conmigo.*
>
> Apocalipsis 3.20 La Biblia al Día

Dios se hace a sí mismo disponible, pero tú debes responder a su invitación. Considera a Dios en su Palabra, ve a Él, ábrele la puerta de tu corazón.

No tienes que mudarte a un monasterio para conocer mejor a Dios. No tienes que aprender hebreo antiguo o memorizar los nombres de los doce discípulos en orden alfabético. Todo lo que debes hacer es tomar tiempo y prestar atención, leyendo su Palabra y hablando con Él. Comienza con algunos minutos cada día, y luego cultiva esta práctica. No tienes que llamar para concentrar una entrevista. Él ya te ha concedido la invitación, y está esperando tu respuesta.

...En las pequeñas cosas

- Hay una relación directa entre el deseo de conocer a Dios y la lucha que trae consigo.
- Nunca te avergüences de tu fe.
- Percibe bien que no es Dios el que te induce a que te acerques a Él.
- La ira de Dios dura sólo un momento, pero su favor toda la vida.
- Tú eres responsable por la profundidad de tu entendimiento espiritual. Dios es responsable por la magnitud de tu ministerio.
- La fe vendrá cuando busques conocer a Dios.

- Amar a Dios es obedecer a Dios.
- Mejor que preocuparse por lo que tú no sabes acerca de Dios, concéntrate en lo que sabes.
- Ama a Dios, no a la devoción.
- Descubre lo que agrada a Dios, y haz de ello un hábito.
- Debes darte cuenta de que la verdad de Dios es riesgosa, pero es un riesgo que vale la pena tomar.
- El saber más sublime consiste en conocer a Dios, y a partir de ese conocimiento, amarlo.
- Conocer a Dios implica un tremendo esfuerzo, pero grande es la recompensa.
- Toma una concordancia y contempla los nombres de Dios.

- Toma una concordancia y estudia los nombres de Jesús.
- Tú comienzas a buscar a Dios por quién es Él, cuando dejas de hacerlo por lo que Él puede hacer por ti.
- Pídele al Señor que te enseñe sus caminos.
- Ten pasión por Dios y compasión por la gente.

Eso sí es amor verdadero. No es que nosotros hayamos amado a Dios, sino que Él nos amó…

1 Juan 4.10
La Biblia al Día

TRES

Debes darte cuenta de que Dios te ama

El amor es un sentimiento poderoso, acaso la más fuerte de las emociones humanas. La gente llegará a extremos para expresar su amor, y harán casi cualquier cosa para recibir amor. De modo que si la demanda de amor es tal, ¿por qué parece ser tan poco suplida? Para parafrasear la canción, "¿Por qué es el amor precisamente la única cosa que tanto hace falta?"

El problema con el amor humano es que generalmente es egocéntrico. Mucho del tan llamado amor que sentimos podría ser resumido por la frase: "¿Qué hay de provecho en ello para mí?" Podemos pensar que amamos a alguien, pero en realidad podemos simplemente amar lo que él o ella hace por nosotros.

El gran escritor C. S. Lewis identificó cuatro diferentes tipos de amor, de los cuales excepto uno son básicamente egocéntricos. Primero, *afectivo*, que es el tipo de amor que podemos tener por alguna cosa que no sea gente, tal como un perro o una casa o un automóvil. Luego *amistad*, un amor valioso en el sentido que es la base de la mayoría de las relaciones humanas. Y el amor eros, el cual es hermoso entre un esposo y esposa pero un caos fuera del ámbito matrimonial. Todos estos tipos de amor son maravillosos y necesarios, pero cada uno de ellos depende del objeto de nuestro afecto para alcanzar la plenitud completa.

El único amor que está completamente centrado en los demás es el llamado amor *ágape*. Este es el amor del más alto orden. Este es el que Lewis llamó "Amor Divina-Dádiva". Cuando nosotros amamos con amor ágape deseamos lo mejor para la persona que amamos. Aun somos capaces de amar a aquellos que son difíciles de amar.

Podemos amar en forma *ágape* sólo en la medida que le entreguemos a Dios los detalles de nuestras vidas y le permitamos obrar en nosotros. Pero aun antes que pueda suceder, debemos darnos cuenta de que Dios nos ama, y que sólo Él puede amarnos con este tipo de amor. El amor de Dios nunca es egocéntrico, su amor siempre es abnegado. Mientras éramos enemigos de Dios, Él nos amó. Cuando huíamos de Dios, Él nos amó. Y de tal manera nos amó Dios que sacrificó a su Hijo que tanto amaba para que pudiésemos alcanzar la vida eterna.

Amor es la esencia de Dios. Amor es lo que le motiva a hacer lo que hace por nosotros hasta el último detalle, aun cuando no le correspondamos con el mismo amor. Eso debería dar un tremendo significado a nuestras vidas.

...En las pequeñas cosas

- Siempre que te sientas insignificante, recuerda cuán importante eres para Dios.
- Amamos a Dios porque sabemos quién es Él. Dios nos ama a pesar de saber quiénes somos.

- Ámate a ti mismo como un individuo único creado por Dios, nada más ni nada menos.
- Amor incondicional sólo viene de un Padre celestial.
- Dios no nos ayuda porque lo merecemos; Él nos ayuda porque nos ama.
- Encuentra tu propia dignidad en el amor incondicional de Dios por ti, no en tus logros.
- El amor de Dios no tiene límites.
- La razón por la que amamos a Dios es porque Él nos amó primero.
- El amor incondicional de Dios por nosotros debería motivarnos a amar a otros incondicionalmente.
- Nunca confundas amor con codicia.

- Amar no es una opción. Dios nos ha ordenado amar a otros.
- Amar a Dios es lo más grande que puedes hacer.

Cualquier cosa que pidan en oración
la recibirán si de veras creen.

Mateo 21. 22

La Biblia al Día

CUATRO

Puedes conocer la voluntad de Dios

La voluntad de Dios es una paradoja. Es tan fácil de encontrarla como difícil de discernirla. La voluntad de Dios puede ser inmediata, o puede llevar años en tomar forma. La voluntad de Dios puede frustrarte o darte una tremenda paz.

Una cosa es cierta. Tú *puedes* conocer la voluntad de Dios. Aunque esto parezca misterioso, en realidad no hay ningún misterio en ella. Si tú sabes dónde buscar, la voluntad de Dios está allí. Y prestas atención cuidadosamente, Dios te hablará en forma sorprendente.

En primer lugar, Dios habla a través de su Palabra, la Biblia. Todo lo que necesitamos para vivir una vida que agrade a Dios (y lo que podría ser más que eso en su voluntad) se encuentra en la Biblia. A medida que comiences a conocer la Palabra de Dios, comenzarás a conocer la voluntad de Dios.

Segundo, Dios habla a través de tu propio juicio y sentido común. Pero ten cuidado, tus decisiones serán conforme a la voluntad de Dios sólo si conoces a Dios personalmente, y si tienes una buena relación con Él. Cuando te encuentres en estas condiciones, entonces tendrás "la mente de Cristo". Y el Espíritu Santo te guiará en tu interior.

Finalmente, y más comúnmente, Dios habla a través de los detalles de tu vida. Oswald Chambers dijo de esta manera: "Dios habla en el lenguaje que conoces mejor, no a través de tus oídos sino a través de tus circunstancias".

¿Piensas que tu vida es un accidente? No lo creas. Estás aquí por una razón. Y lo que haces es importante para Dios. Todo. No sólo las cosas que haces en la iglesia o un estudio bíblico (aunque sean muy importantes), sino en las pequeñas cosas de todos los días. Allí es donde encontrarás más frecuentemente la voluntad de Dios.

Echa un vistazo a tu vida. Piensa en los momentos vividos (los detalles) y mira cuán lejos has llegado. Aquellas "cosas buenas" no fueron coincidencias. No has sido un "suertudo". Si has seguido a Dios de todo corazón, entonces Él ha estado guiándote, y tú has estado haciendo su voluntad, quizá aun sin saberlo.

Por otra parte, si te sientes que la vida te está jugando una mala pasada tras otra, y sientes lástima por ti mismo (y estás furioso con Dios) puede que sea el tiempo en que debes volver a lo básico. Quita la mirada de ti mismo y llega a conocer mejor a Dios leyendo su Palabra, orando, y juntándote con gente que está en la voluntad de Dios. Dios quiere dirigirte a través de los detalles de tu vida. Dale a Él la oportunidad de hacerlo.

...En las pequeñas cosas

- Los planes de Dios siempre son perfectos. Entonces, busca su voluntad.

- No hagas planes y luego pidas la aprobación del Señor. Pide a Dios que dirija tus planes.
- Si vas a esperar en alguien, espera en el Señor.
- Dios puede estar usando gente que discrepe contigo.
- El llamado de Dios es a veces difícil de oír.
- Una vez discernido, el llamado de Dios es difícil de evitar.
- Recuerda que la voluntad de Dios no es tanto en función de tiempo y lugar como lo es en actitud de corazón.
- Si quieres conocer la voluntad de Dios, pasa tiempo con Él.
- Ninguno puede agradar a Dios sin añadir una gran cuota de felicidad a su propia vida.

- Las circunstancias pueden estar fuera de tu control, pero no las formas en que Tú respondas a ella.

- Cuando te sientas disminuido ante lo excelente, piensa en lo que Dios quiere para ti.

- Comenzarás a vivir cuando pierdas la visión de ti mismo en los propósitos de Dios para ti.

- Cuando Dios habla, escucha.

- Cuando Dios ordena, obedece.

- Cuando Dios dirige, sigue.

Amados hermanos, dar gracias a Dios por ustedes no sólo es justo… porque ha sido en verdad maravillosa la manera en que han crecido en la fe y en el amor mutuo.

2 Tesalonicenses 1.3

La Biblia al Día

CINCO

Dios quiere que crezcas

No existe atajo alguno, cuando de progresar se trata. Si quieres perfeccionarte en un área de tu vida, tienes que prestar atención a las pequeñas cosas. Tienes que avanzar paso a paso.

Sea que quieras modelar tu cuerpo para alcanzar una figura o bajar de peso (o ambas), es igual. Contrariamente a las promesas hechas por programas milagrosos, máquinas, drogas, no existe tal cosa como el efecto instantáneo. Tienes que dedicar especial atención a los detalles de tu alimentación y a los ejercicios cada día para lograr a largo plazo los resultados. Este principio se aplica también al progreso de tu entendimiento. No hay ninguna vía rápida para obtener un diploma, la única forma para acumular un conocimiento provechoso es mediante un disciplinado, y constante estudio. ¡No puedes aun entrenar a un perro de la noche a la mañana! Ello implica repetición, constancia, esfuerzo, y práctica. De otra manera Fido te mirará como diciendo, "¡tienes que estar bromeando!"

Bueno, no estamos bromeando. Es una realidad. Para crecer en cualquier área, tienes que hacer pequeñeces una tras otra. El principio del crecimiento mediante los pequeños detalles es especialmente aplicable a tu vida espiritual, aunque la gente piense que orando una vez cada tanto (cuando están en problemas), asistiendo a la iglesia dos veces al año (en Navidad y Pascua, por supuesto), y abriendo la Biblia dándole una ojeada cada vez que se acuerdan, Dios se complacerá y los colmará de bendiciones.

No te confundas. Dios no te amará más porque hagas esto o aquello. Su grandísimo amor por ti es siempre el mismo. Pero tú experimentarás ciertos beneficios espirituales si prestas atención a los detalles espirituales. Como leer la Biblia constantemente. O hablar con Dios regularmente. O ayudar a otros cuando están en evidente necesidad. No estamos hablando de legalismo espiritual. Pero si te das cuenta, todo lo que tiene que ver con los detalles de tu vida espiritual implica *disciplina*.

Dios quiere que tú crezcas espiritualmente porque cuando lo hagas, tu vida cobrará más sentido y será más placentera. Tal como te sientes cuando haces constantes esfuerzos físicos para lograr avances en tu figura, te sentirás complacido contigo mismo cuando hagas el esfuerzo de crecer espiritualmente. Y aun mejor que eso, la gente que te rodea experimentará los beneficios de tu crecimiento.

...En las pequeñas cosas

- Reconoce que no puedes crecer en santidad en un abrir y cerrar de ojos.
- Si Dios está, lo poco será mucho.
- El que es maduro espiritualmente le da más

importancia a la presencia interna de Dios que a las señales externas del mundo.

- La persona que tiene puesta la mirada en Dios difícilmente despreciará a otra persona.
- Es mejor correr detrás de Dios que delante de Él.
- Regocíjate en la disciplina del Señor tanto como en sus bendiciones.
- Vive la vida cristiana como si el Señor estuviera guiando tus pasos.
- Sé prudente en contarle a otros lo que puedes hacer, pero sé vehemente en afirmar lo que Dios puede hacer.
- La persona dependiente de Cristo posee la sorprendente habilidad de mantener quieta una barca en un tempestuoso mar.

- Date cuenta de tu insuficiencia sin Dios, pero también de tu capacidad con Él.
- La fe no demanda milagros, pero a menudo los lleva a cabo.
- Haz de la provisión de Dios el fundamento de tus logros.
- Nunca serás humilde ante Dios si piensas que Él te necesita a ti.
- Es maravilloso cuando te deleitas en el Señor, pero mucho mejor es cuando el Señor se deleita en ti.

Lámpara es a mis pies tu palabra, y luz para mi camino.

Salmo 119. 105

La Biblia de las Américas

SEIS

La Biblia: el mensaje de Dios para ti

La Biblia es el libro más sorprendente del mundo. Han sido publicadas más de seis billones de copias de la Biblia desde que Gutenberg imprimió la primera hace quinientos años atrás. La Biblia ha sido traducida a más de dos mil idiomas (que se han contado). Más del noventa por ciento de todos los hogares en América tiene al menos una Biblia, y aproximadamente cuatro de cada diez personas requieren leer la Biblia al menos una vez a la semana, sin tener en cuenta las iglesias. Ningún otro libro aun ha igualado a la Biblia en influencia y popularidad.

La Biblia es el libro más vendido de todos los tiempos por una sencilla razón: Es el libro de Dios. Puedes no considerar a

Dios como un autor, pero eso es exactamente lo que Él es. Dios es el autor, y tú eres el público que Él anhela alcanzar. Tú ves, los autores buscan gente para que lean sus libros (de otra manera no lo hubiesen escrito). Dios no es diferente. Él ha escrito la Biblia, y quiere que tú la leas.

¿Por qué un libro? ¿Por qué no una voz que ordene o telepatía mental o mensajes en el cielo? Porque el lenguaje humano, especialmente cuando está escrito, es el medio más efectivo y preciso para comunicar. Dios escogió hablarnos a través de palabras escritas en una página porque es la mejor forma de transmitirnos detalladamente su mensaje para nosotros.

¿Qué quiere decir esto? Simple. Cuando tú lees la Biblia, éstas leyendo el mensaje de Dios y los secretos del universo. Es el *único* camino que tienes precisamente para descubrir que Dios te amó tanto que envió a Jesús a la tierra y así pudieses ver lo que Dios es en persona. También podrás encontrar que Jesús regresará a la tierra en el futuro.

La Biblia tiene todo eso y más. Así que no desperdicies otro día. Sacude el polvo de la Biblia que tienes en tu casa y ábrela. Mientras lees, Dios comenzará a hablarte. Lo que Él tiene para decirte bien puede cambiar tu vida.

...En las pequeñas cosas

- Si no tienes Biblia, consigue una.
- Si tienes una Biblia, léela.
- Si lees la Biblia, créela.
- Si crees la Biblia, vívela.
- Así como amas las promesas de las Escrituras ama sus mandamientos.
- Ten una Biblia junto a tu cama.
- No sólo cites las Escrituras, vive lo que ellas enseñan.

- Una Biblia en el estante nada vale; una Biblia leída no tiene precio.
- Ten una libreta de apuntes junto a tu Biblia.
- Ponte derecho cuando oyes la Palabra de Dios.
- Estudiar la Biblia es como alimentar tu alma con comida espiritual.
- Toma el hábito diario de leer el capítulo en Proverbios que corresponde al día en curso.
- Lee una de las epístolas de Pablo cada semana y llénate de inspiración.
- Aprende a valorar la poesía, lee los Salmos.
- Si te preguntas cómo Dios habla, ordena y guía, lee la Biblia.
- La próxima vez que tengas el privilegio de tomar

tu Biblia, recuerda que en algunos países no está permitido tener una propia.

- Si consideras la Biblia como una carta personal de Dios para ti, llegarás a leerla tan a menudo como lees tus cartas.
- La Palabra de Dios es eterna.
- La Biblia es un regalo significativo para ser compartido con otros.

Confía callado en el Señor
y espérale con paciencia.

Salmo 37. 7
La Biblia de las Américas

SIETE

Dale de tu tiempo a Dios

Si hay algo que necesitamos en nuestras ocupadas, estrepitosas, y agitadas vidas, es la paz interior, seguridad y reposo que sólo Dios puede dar. Esta es la única forma de discernir los propósitos de Dios para nuestras vidas, que a lo largo nos permitirá mantener nuestra cordura y sensatez.

El caso es, que Dios no pega alaridos y dice: "¡Eh, tú estás abandonándome! Siéntate por un momento y óyeme". ¡Oh, Él es totalmente capaz de obtener nuestra atención cuando realmente lo necesitamos!, pero tú no quieres hacerte el hábito de darle a Dios una razón para perseguirte (y Él si lo hará).

Mejor que esperar a que Dios te dé un golpe en la cabeza con un dos-por-cuatro-espiritual, y así llamar tu atención, ¿no sería mucho mejor darle a Dios diariamente un tiempo para que en la quietud pueda hablarte? A decir verdad, Dios lo prefiere así. Él dice: "¡Silencio! ¡Sepan que yo soy Dios!" (Salmo 46.10 La Biblia al Día). Permanecer en quietud puede llegar a ser lo más difícil que jamás hayas hecho, pero bien pudiera ser la más importante. Míralo de esta forma. Cuando le das tiempo a Dios, le muestras respeto. De hecho le estás diciendo: "Dios, Tú eres lo más importante para mí, y por eso aparto tiempo para ti todos los días. Quiero que me enseñes, estoy dispuesto a aprender".

¿Te hablará Dios si tú le permites? Definitivamente sí. No con voz audible, pero a través de tus pensamientos y emociones. Dios también habla por medio de su Palabra, La Biblia. Recuerda, la Biblia es la voz de Dios para nosotros. La única manera de oírla es leyéndola.

La llave de acceso que le permite a Dios entrar en los detalles de tu vida (en tus sueños y asuntos) es el tiempo. Sabemos que no será fácil. Oirás muchas otras voces que solicitarán tu tiempo y atención, y muchas de ellas valen la pena. Pero si quieres oír la única Voz que hará la diferencia en tu vida, necesitarás permitir que Dios lo haga… en la quietud.

Pídele a Dios que ponga el deseo de apartar un lugar y un tiempo sólo para Él. Los detalles de tu vida esperarán. Más que eso, ellos tomarán significado cuando se los entregues a Dios.

…En las pequeñas cosas

- Haz una cita con Dios cada día y mantenlo como si hubieses estado con la persona más importante del mundo.
- Aparta un período específico de tiempo cada día, cada semana, cada mes, y cada año para poner tu mira en Dios.
- La ventaja de encontrarte con Dios a la misma hora todos los días es que no tienes que decidir cuándo vas a hacerlo.

- El próximo mes, trata de darle al Señor un día de tu vida. Un día entero.

- Incluye momentos de calma, quietud, y soledad como parte de tu rutina diaria.

- Levantándote temprano para encontrarte con el Señor te dará un adelanto del día. Encontrándote con Dios en la noche te permitirá hacer una reflexión del día. Cualquiera de las dos opciones es buena.

- Si llevas tanta prisa en la vida sin tiempo para Dios, el mundo te parecerá un hospital, un lugar para enfermarse y morir.

- Si caminas por la vida con Dios, el mundo será como una posada, un lugar de paso en tu peregrinaje.

- Compra un libro con hojas en blanco y lleva un diario de tu vida. Aun si sólo escribes unas pocas palabras. Registra tus pensamientos espirituales o personales, y sentimientos que le das a Dios cada día.

- No es posible tener dominio del tiempo. Sólo puedes dominarte a ti mismo.
- Dependiendo de tu condición espiritual, estar a solas con Dios te desalentará o te fortalecerá.
- El tiempo para encontrar momentos de calma y quietud es cuando más dificultad existe para conseguirlo.

Porque los ojos del Señor
están sobre los justos, y sus oídos
atentos a sus oraciones.

1 Pedro 3.12
La Biblia de las Américas

OCHO

Oración: La gran llave de contacto

Un día los discípulos le pidieron a Jesús: "Enséñanos a orar". Jesús les respondió dándoles (a ellos y a nosotros también) un maravilloso modelo de oración del Señor es que, como es sabido, es totalmente sencilla.

> *"Padre nuestro que estás en los cielos, santificado sea tu nombre. Venga tu reino y cúmplase en la tierra tu voluntad como se cumple en el cielo. Danos hoy los alimentos que necesitamos, y perdona nuestros pecados, así como nosotros perdonamos a los que nos han hecho mal. No nos dejes caer en*

tentación, más líbranos del mal... Amén."

Mateo 6.9-13 La Biblia al Día

La clave para orar es comenzar sencilla y pausadamente. Esa es la idea detrás del modelo de oración de Jesús. Necesitamos un punto de contacto, un lugar para comenzar. Entonces, a medida que vayamos conociendo mejor a Dios, nos sentiremos a gusto compartiendo los detalles más íntimos de nuestras vidas con Él. Si la Biblia es Dios hablando a nosotros, entonces la oración es nosotros hablando a Dios infinito, lleno de poder, de sabiduría, y de amor. Edward Ferrell escribió que "sin oración, no hay ningún camino, ninguna verdad, ninguna vida". Sin oración, nunca podrás acercarte a Dios.

Inténtalo. Comienza de a poco. Puedes comenzar con las pequeñas cosas en tu vida. Coméntale a Dios acerca de ella en un tranquilo y apartado lugar donde tu propia conciencia no quede expuesta por falta de privacidad. Mientras continúes diariamente, tu capacidad para orar crecerá grandemente. Eso es porque la oración es como un músculo. Si ejercitas regularmente tu músculo de oración cobrará fuerza y tu amor por Dios crecerá sin medida. De otra forma, si no lo usas, se encogerá y tu porte para Dios también. Y en aquellos tiempos de crisis cuando de repente te sientas compelido a orar, experimentarás una penosa experiencia.

La buena noticia es que Dios no pone condiciones en tu vida de oración. Sus sentimientos no se lastiman cuando tú no oras. Pero cuando lo haces. Él se conecta contigo de una forma poderosa. Inténtalo hoy. Hazlo ahora mismo. Háblale a Dios. Él está atento.

...En las pequeñas cosas

- La oración cambia las cosas.
- Orar por la gente que no les agradas.
- Orar por la gente que no te gusta.

- Cuando ores, sé cuidadoso de distinguir tus necesidades de tus deseos.
- En una oración sin esfuerzo no habrá sinceridad. En un esfuerzo sin oración no habrá efectividad.
- Si tus oraciones no tienen significado para ti, aun tendrán para Dios.
- Vive humildemente y ora de esa manera.
- No ores por una carga más liviana, ora por más fortaleza en tus hombros.
- Vuélvete en silencio ante Dios en la parte más ocupada y ruidosa de tu día.
- Oración implica prestar atención a Dios y también hablarle.
- No puedes mantenerte firme ante Satanás si no te arrodillas frente a Dios.

- Ora con perseverancia y expectativa.
- En el fondo, orar es darte a ti mismo a Dios.
- Ora como si la tarea dependiera de Dios y trabaja como si dependiera de ti.
- La próxima vez que te sientas débil en las rodillas, trata de usarlas para orar.
- No hay tal cosa como una oración exitosa y otra sin éxito.
- El pueblo de Dios no puede hablar acerca de sus hábitos de oración, pero sus vidas hablan de abundancia.

No descuidemos, como algunos, el deber que tenemos de asistir a la iglesia…

Hebreos 10.25
La Biblia al Día

NUEVE

La iglesia: Donde se reúne el pueblo de Dios

En forma tan ingenua, hemos permitido que nuestro idioma tergiverse el significado de la palabra *iglesia*. A veces, esa palabra significa un *lugar* (tal como "olvidé mi Biblia en la iglesia). Otras veces, se refiere a una *actividad* (como: "¿A qué hora comienza la *iglesia*?"). Frecuentemente *iglesia* se usa para describir una *institución* (por ejemplo: "Su conducta fue observada con entrecejos por la *iglesia*"). Mientras tales definiciones son apropiadas, pierden el significado de todo lo que *iglesia* significa.

La esencia de *iglesia* es tu Familia cristiana (aquella gente alrededor del mundo que sigue a Cristo y se comprometen con Él y unos con otros. Cuando el apóstol Pablo escribió acerca de iglesia, no lo hizo hablando acerca de edificio, una actividad o institución. Para Pablo, la expresión de *iglesia* significaba una relación personal entre cristianos. La mayoría de las veces comparaba la *iglesia* con un cuerpo humano.

En un cuerpo, todas las partes y detalles son importantes, y deben funcionar en armonía:

- Si un miembro del cuerpo está lastimado o enfermo, entonces todo el cuerpo sufre.
- Los miembros deben operar al unísono, porque si ellos tratan de ir en direcciones opuestas, no irán a ningún lado.
- Algunos miembros son más visibles, en tanto que otros desempeñan un papel vital adentro. Pero ambos tipos son necesarios. No hay ninguna parte pequeña en el cuerpo de Cristo.
- Si cada miembro fuese lo mismo, el cuerpo se vería realmente extraño, y no funcionaría muy

bien. (Imagínate ahora mismo un cinco-pies, ocho-orejas. Oh, sin duda, podrías tener un excelente oído, pero trata de manejar un auto de esa forma.)

La próxima vez que vayas a la iglesia, no mires el edificio o pienses de ella como un programa de eventos. En vez de eso, mira la gente. Aprécialos por lo que ellos son, lo que necesitan, y cómo contribuyen al "cuerpo". Entonces, piensa en ti mismo. ¿Cuál es tu función en la iglesia? ¿Cómo estás insertado en el cuerpo? ¿Estás haciendo una contribución a la salud y a los propósitos del cuerpo?

Ser parte de la iglesia significa mucho más que asistir a un servicio de domingo en la mañana, echar unas monedas en la canasta de las ofrendas, o darle apretones de manos al Pastor a la salida de la iglesia. Ser parte de la iglesia implica una interactiva relación entre gente con Cristo como su vínculo común. Con esa definición, no puedes "salir de la iglesia" el domingo en la mañana. Tú eres parte del cuerpo a lo largo de toda la semana.

- Involúcrate en la iglesia.
- Aquí está como puedes encontrarle mayor significado a la adoración del domingo.
- Piensa de ti mismo más como participante que como espectador.
- Si Dios no te ha llamado a ser líder en la iglesia, ten cuidado cuando criticas a aquellos que lo son.
- Demuestra aprecio a tu pastor.
- No dejes el sermón en la iglesia.
- Aporta dinero regularmente a tu iglesia.
- Enseña en una clase de Escuela Dominical al menos una vez al año.
- La próxima vez que estés en la iglesia, siéntate en la fila del frente. Te maravillarás de cuánto más

aprenderás (sin mencionar cómo conmoverá al pastor).

- Si tiendes a quedarte dormido en la iglesia, siéntate en la fila de atrás. Puedes apoyar tu cabeza contra la pared para que no caiga para adelante cuando te duermas.
- La medida de un buen sermón es la respuesta del oyente y no la predicación del pastor.
- Es cierto que el cristianismo es bueno. Pero más importante, es que el cristianismo es verdad.

Los cielos proclaman la gloria
de Dios, y la expansión anuncia
la obra de sus manos.

Salmo 19.1

La Biblia de las Américas

DIEZ

Aprecia la creación de Dios

El mundo en el cual vivimos es una de las más grandes evidencias de la existencia de Dios. El mismo hecho de que existe un universo da a entender que también existe un Creador. Aun los científicos más escépticos no creen que todo lo que nos rodea proviene de la nada. Tuvo que haber un comienzo. Y si lo hubo, fue necesario que Alguien lo haya llevado a cabo (Génesis 1.1).

Pero Dios no sólo creó el mundo; Él lo *diseñó*. Si estudias el cosmos o el cuerpo humano, encontrarás que los sistemas, ciclos y ritmos de vida operan con una precisión increíble. Y como muchos otros, incluyendo un gran número entre los científicos más destacados del mundo, llegarás a la conclusión que todo proviene de un Diseñador inteligente, que es poderoso, personal y afectuoso.

El apóstol Pablo lo dijo de la siguiente manera:

> *Desde los tiempos más remotos, los hombres han estado contemplando la tierra, el cielo, la creación entera; y han sabido que Dios existe, que su poder es eterno. Por lo tanto, no podrán excusarse diciendo que no sabían si Dios existía o no.*
>
> ROMANOS 1.20 LA BIBLIA AL DÍA.

A pesar de la evidencia que nos rodea, la gente ha hecho una cosa extraña. Ha escogido centrarse en la creación más que en el Creador. Pablo escribió que la gente adora: "las cosas que Dios hizo, pero no quisieron obedecer al bendito Dios que hizo aquellas cosas" (Romanos 1.25 La Biblia al Día). Eso sería como mirar una bonita pintura y llegar a la conclusión de que el artista nada tuvo que ver con ella, o que el artista realmente no fue transcendente. No es eso lo que precisamente hacemos nosotros. Reconocemos y alabamos al artista a la vez que expresamos admiración por la pintura.

Lo mismo sucede con la creación de Dios. Nosotros estamos para apreciarla, protegerla, y aun administrarla mientras la preservamos. Pero nunca deberíamos adorar la creación. Toda la alabanza debería ser para el Creador, Dios Todopoderoso.

...En las pequeñas cosas

- Tu visión del mundo y cómo funciona está directamente relacionada con tu visión acerca de los comienzos de la creación.
- Tu visión de los comienzos determinará tu visión del mundo.
- Cuando consideras los comienzos, encontrarás que sólo existe una u otra alternativa: Dios creó los cielos y la tierra, o Él no lo hizo.

- Si Dios no creó los cielos y la tierra, entonces sucedieron por ellos mismos.
- Es imposible que algo provenga de la nada.
- No insistas una y otra vez en querer saber *cuánto tiempo atrás* Dios hizo los cielos y la tierra.
- No insistas una y otra vez en querer saber *cuánto tiempo le llevó* a Dios los cielos y la tierra.
- Si quieres conocerte mejor a ti mismo, conoce mejor a tu Creador.
- Es nuestra responsabilidad usar y administrar (no abusar y agotar) nuestros recursos naturales.
- Cuando mires una hermosa pintura, alaba al artista.
- Cuando oigas una hermosa canción alaba al compositor.

- Cuando contemples la belleza en la naturaleza, alaba al Creador.
- Toma un tiempo para apreciar al Dios que creó el mundo.
- La ciencia no es enemiga de Dios, y la religión no es enemiga de la ciencia. Después de todo, cuando Dios hizo el mundo, Él hizo posible la ciencia.
- Puedes aprender muchísimo estudiando Su creación.

La integridad y la rectitud me preserven, porque en ti espero.

Salmo 25.21

La Biblia de las Américas

ONCE

El carácter: Lo que sucede cuando nadie está mirando

Uno de los grandes debates de estos últimos años se ha centrado sobre el carácter. Hay gente que cree que es posible que una persona posea un carácter en público y otro en privado, aun cuando ambos sean muy diferentes. Lo que tú haces en privado, es lo que se piensa, es asunto propio, mientras no afecte tu imagen pública.

Solamente hay un problema con esta manera de pensar. Una vez que divides tu personalidad y tus acciones en dos o más categorías o compartimientos, te desvías del verdadero significado de carácter. Radicalmente, el *carácter* está determinado por *integridad*, y ésta además encierra la idea de *plenitud*. Si un objeto (tal como un puente) o una persona (tal como tú) tiene integridad, eso significa que el objeto o persona está en una condición inquebrantable. Por lo tanto, si tu carácter (el cual define quién tú eres) está partido en dos o más piezas, ya no tienes más integridad. Y sin integridad, no tienes mucho carácter.

¿Recuerda la película *Titanic*? (No me cabe duda que podrás hacerlo). Una de las principales razones por la que el gran barco estaba considerado incapaz de hundirse fue a causa de los compartimientos que la nave poseía en el casco. La teoría sostenía que la inundación en uno de sus compartimientos por causa de una brecha (un lugar quebrado) en el casco no afectará a otros compartimientos por los altos tabiques que había entre ellos. Lo que el diseñador del *Titanic* no anticipó fue que la colisión con el iceberg acuchilló unos once compartimientos, de tal forma que el agua del mar derribó las paredes de un compartimiento a otro hasta provocar el trágico hundimiento de la poderosa nave.

El mismo principio se aplica a la vida. Tú piensas que puedes mantener una grieta en alguna parte de tu vida sin impactar las otras partes, pero no es esa precisamente la forma en que funciona. Una brecha en la integridad de un compartimiento de tu vida rápidamente inundará otros compartimientos hasta provocar que tu vida entera comience a hundirse.

Así que, ¿cómo mantendrás tu vida a flote? Haciéndolo todo con integridad. Manteniendo tu vida al unísono. Viviendo tu vida privada como lo haces en público, y viceversa. Cuando vives la vida en plenitud más que en dobleces, puedes tratar con esas grietas (y de hecho las tendrás) porque hay gente cariñosa alrededor de ti que te ayudarán a reparar los daños, si saben de ellos.

Una de las mejores formas de mantener tu vida íntegra es prestar atención a las pequeñas cosas. Haz lo que debes hacer todos los días para desarrollar tu carácter y preservar tu integridad. La mayoría de la gente vive para agradar a otros. Tú vive para agradar a Dios.

...En las pequeñas cosas

- La forma en la cual cultives tu jardín interior quedará en evidencia ante toda forma de plaga.

- La gente de integridad es un perfecto blanco para las críticas, pues ellos caminan con la frente bien alta.

- Que tu palabra tenga valor: Mantén tus promesas, cumple tus plazos, afronta tus compromisos, paga tus facturas.

- Una cosa es saber lo que es correcto, y otra totalmente distinta es hacer lo correcto.

- Otros determinan tu reputación. Tú determina tu carácter.

- Si quieres saber lo que está en tu corazón, oye las palabras de tu boca.

- Si te encuentras a ti mismo en una situación cuestionable, aléjate inmediatamente.

- Antes de exigir integridad en otros, tú mismo debes intentar ser intachable.

- La práctica de honestidad es más conveniente que la profesión de santidad.
- El carácter se describe por lo que representas; la reputación por las fallas.
- Asume un poquito más de la responsabilidad que te corresponde al momento de reconocer las culpas.
- Asume un poquito menos de los que te corresponde al momento de compartir el crédito por algo.
- Sé honesto contigo mismo. Sé honesto con los demás. Sé honesto con Dios.
- Carácter es una de aquellas cualidades que toma tiempo desarrollar.
- Descansa en las promesas de Dios, asegúrate de cumplir las tuyas.

El que dice que permanece en Él, debe andar como Él anduvo.

1 Juan 2.6

La Biblia de las Américas

DOCE

¿Qué es lo que Jesús haría?

¿QEJH? ¿Qué significan para ti estas cuatro letras? Puede que las hayas visto en pulseras o en camisetas, y te hayas preguntado, ¿será sólo otro truco para vender pulseras y camisetas? o ¿tendrá algún significado?

¿QEJH? Representa "¿Qué es lo que Jesús haría?" Y esta puede ser precisamente la pregunta más contundente que jamás pudieras responder. En verdad, es una simple pregunta, pero las implicaciones son profundas (que bien podrían cambiar una vida).

En el nivel más básico, ¿QEJH? puede ser una guía para tomar decisiones con implicaciones morales. Obviamente, no necesitas preguntarte: "¿Qué es lo que Jesús haría?" si no puedes decidir qué ropa ponerte en la mañana. Pero qué me dices, enfrentándose con la elección de escoger entre decir una mentira o decir la verdad. Cuando compares tu respuesta inicial a cómo Jesús respondería, sabrás si lo que estás haciendo es lo correcto, o deberías cambiar.

Jesús es el modelo perfecto porque Él vivió una vida perfecta. Él experimentó todas las presiones, tentaciones, y ansiedades que todos nosotros tenemos, pero nunca hizo lo incorrecto.

Esto nos lleva a profundizar sobre la pregunta ¿QEJH? Aunque, si bien Jesús es un perfecto ejemplo de moral para nosotros, eso no nos basta. Porque ninguno de nosotros es perfecto. Ninguno de nosotros puede hacer lo que Jesús hizo *todo* el tiempo, en cada detalle de nuestras vidas. Necesitamos ayuda. Más que eso, necesitamos perdón cuando pecamos, lo cual nos descalifica ante la perfección de Dios. Pero, ¿quién nos ayudará?

En una palabra, Jesús. Como verás, si bien es cierto que Jesús hizo muchas cosas para mostrarnos cómo debemos vivir, Él hizo algo que nunca hubiésemos podido hacer. Él sacrificó su propia vida por nuestros pecados, para que al aceptarlo por la fe, pudiéramos satisfacer a Dios, dándonos así la vida eterna.

Haciendo lo que Jesús hizo en todas las situaciones te hará una mejor persona aquí en la tierra. Aceptando lo que Jesús hizo en la cruz te asegurará tu futuro eterno. ¿Por qué no escoges ambas? La decisión es tuya.

...En las pequeñas cosas

- En cada situación, pregúntate a ti mismo: "¿Qué es lo que Jesús haría?" Entonces hazlo.
- Si estás por compararte con alguien, compárate a ti mismo con Jesús. Eso dará perspectiva a tu vida.
- La esencia del cristianismo es la nueva vida en Cristo. La esencia de Cristo es la victoria sobre la muerte.

- Vive tu vida de tal forma que cuando mueras, aun el que dirija tu funeral se sienta triste.
- Si como Jesús, miras lo mejor en la gente, probablemente encontrarás aprecio en las personas.
- Haz siempre tu trabajo como si tu jefe estuviese mirando sobre tus hombros.
- Mejor aún, haz tu trabajo como si Jesús estuviese observando a tu lado.
- Jesús mantuvo sus promesas hasta las heridas. Nosotros deberíamos hacer lo mismo.
- Acepta y lleva a cabo diligentemente las órdenes de aquellos que están en autoridad sobre ti.
- Que tu constante objetivo sea el ser obediente, no victorioso.
- Probablemente estás menos propenso de caer en tentación si no caminas por la orilla de la cornisa.

- Enfrenta los celos en el momento que aparezcan en tu vida. De otro modo el miedo vendrá para golpearte.
- Es más fácil que cambies de antemano tu conducta que cambiar tu reputación después.
- Que cuando el mundo mire quién eres tú, pueda llegar a la conclusión de que Cristo vive en ti.
- Como cristiano, estás diseñado y equipado para cambiar el mundo para la gloria de Jesús.
- Dios está buscando cristianos consecuentes cuyo caminar sea acorde con su hablar.

Para aprender, tienes que desear la enseñanza…

Proverbios 12.1
La Biblia al Día

TRECE

Disciplínate a ti mismo (ningún otro más lo hará)

Los humanos son seres individuales. Ello ha provocado que muchos de nosotros hayamos deseado tener todas las cosas materiales al alcance de nuestras manos, y lo que sea que hayamos anhelado ha sido para sentirnos más grandes, mejores, o más seguros. Entonces descubrimos que las cosas materiales *externas* no nos hacen felices. Tanto, que en estos últimos años nos hemos inclinado por las cosas *internas*. Hemos decidido que lo que está en el interior es lo que vale. Consecuentemente, muchos de nosotros nos hemos embarcado en un viaje interior, buscando simplificar nuestros estilos de vida y a la vez incrementar nuestra alegría. Al menos ese es el objetivo, puesto que eso mismo es lo que con tanta sencillez, los gurús nos relatan en libros como "Simple abundancia" y "Viviendo la vida simple".

La idea de simplificar tu vida es algo bueno, y hablaremos más acerca de eso en el Capítulo 16. El problema es que estamos apuntando hacia nuestro objetivo con la misma forma licenciosa y el desenfreno que utilizamos para poner todas esas cosas en primer lugar. Como un disparatado péndulo, nos balanceamos alocadamente de un extremo a otro sintiéndonos vacíos, por decirlo así, en ambos lugares.

¿Cómo encuentras entonces la satisfacción que has estado buscando? La clave es el equilibrio, la constancia, la perseverancia, todos los cuales provienen de solamente una sola cosa: la *disciplina*.

Aquí está nuestro dilema. Lo queremos todo, y lo queremos ahora, ya sea abundancia de posesiones o abundancia de simplicidad. Pero nada que valga la pena viene rápidamente, y nada que valga la pena viene sin disciplina. A lo largo de la vida, la disciplina funciona en cada dimensión de tu vida: financiera, física, mental, y espiritual. Si de alguna manera has tratado de obtener riqueza rápidamente, trataste de perder peso tomando una píldora, o de obtener conocimiento embustiéndotelo en el último minuto, o intentaste acercarte a Dios pidiéndole un milagro, tú ya sabes de lo que estamos hablando.

Es fácil caer en la trampa de los resultados rápidos cuando enfocas tu atención en los resultados más que en el recorrido para alcanzarlos. La verdad es que la alegría está en el trayecto, en la disciplina diaria de crecer en los detalles de tu mente, cuerpo, y espíritu. La única forma en que conseguirás abundancia en tu vida (del tipo que te dará alegría) es estableciendo disciplina en tu vida.

...En las pequeñas cosas

- La disciplina comienza con las pequeñas cosas hechas a diario.
- ¿El secreto detrás de todas las historias de logros y éxitos? La disciplina.

- Cada mañana tú escoges la actitud para enfrentar el día.
- El primer paso en la senda del compromiso es proponérselo en la mente.
- Tus planes pueden conducirte a un triunfo o a un fracaso. Tú eliges.
- La motivación se incrementa cuando asumimos grandes responsabilidades a un corto plazo.
- Fomenta una causa en tu vida. Y dedícate a ella diariamente.
- No acostumbres a poner excusas.
- La disciplina es el corazón del discipulado.
- Antes de buscar dentro de algo, da un paso atrás y contempla la pintura en general.
- Adquiere buenos hábitos; y abandona los malos.

- Involúcrate hasta comprometerte.
- Usa tu tiempo libre productivamente.
- Tus sueños no se harán realidad si les permites languidecer.
- Tus sueños no se harán realidad si tú duermes.
- Si quieres alcanzar la excelencia, comienza con la disciplina.
- Las actividades que valen la pena pueden ser arduas a corto plazo, pero gratificantes a largo plazo.
- La gente estará más impresionada por lo que has logrado que por lo que estás por comenzar.
- La motivación puede extinguirse. Pero los hábitos prevalecen.

No, hermanos, todavía no soy el que debo ser, pero eso sí, olvidando el pasado y con la mirada fija en lo que está por delante, me esfuerzo hasta lo último por llegar a la meta…

Filipenses 3.13

La Biblia al Día

CATORCE

Perfecciónate a ti mismo (ningún otro podrá hacerlo por ti)

¿Habrá un día en que dejarás de aprender y perfeccionarte a ti mismo? ¿Sucederá cuando obtengas tu diploma de escuela secundaria? No es ese momento, porque el proceso de educación sólo habrá comenzado. ¿En tu graduación de estudios superiores? Difícilmente, pues las lecciones del mundo real te estarán aguardando. ¿Cuándo seas padre y veas tus propios niños crecer? Con certeza que no, pues cada padre tiene que estar mentalmente preparado solamente para mantenerse firme con la "nueva matemática". ¿Estarás listo para dejar de aprender y perfeccionarte cuando alcances tus "años dorados"? Es dudoso, porque entonces necesitarás más que nunca de tu ingenio para acceder a todos los descuentos a los cuales tendrás derecho.

Entonces, ¿cuándo finalizará tu búsqueda de perfeccionamiento? Cuando dejes de respirar. Desde ahora, y hasta entonces, deberías considerarte a *ti mismo* como un proyecto en marcha. Un trabajo en proceso. Siempre superándose. Nunca estancado.

Perfeccionarse a uno mismo es un asunto popular. En medio de nuestra actual generación de tecnología, nos han dicho que nuestras mentes son como computadoras (son solamente tan buenas como sean programadas). Pero el énfasis sobre un continuo desarrollo personal no es excepcional para la sociedad contemporánea. Algunas décadas atrás alguien escribió: "Tú eres lo que tu piensas". Y aun desde antes, la Biblia dice: "Pues como piensa dentro de sí, así es" (Proverbios 23.7 La Biblia de las Américas).

Dios no te diseñó para que estés estancado o seas perezoso, ya sea espiritual, física, mental, o socialmente hablando. Tomando prestado el título de un libro de Chuck Swindoll,

Dios tiene la intención de que aprendas a "vivir más allá de la mediocridad".

El hecho de perfeccionarte a ti mismo no sucederá automáticamente. Requerirá un constante, sistemático y disciplinado desarrollo personal. Hay libros para leer, gente para reunirse, y nuevos lugares por descubrir. Tu crecimiento personal es un privilegio, no una carga. Allí es donde a Dios le encanta estar involucrado en los detalles de tu vida. Permítele a Él estar y obrar en las pequeñas cosas de tu vida para ayudarte a crecer y perfeccionarte.

Cada día, mientras comiences nuevamente el proceso de crecimiento personal, recuerda que todo empieza por tu actitud. Debes preparar tu corazón y programar tu mente para tu propio desarrollo. Como dice la Escritura: "… todo lo que es verdadero, todo lo digno, todo lo justo, todo lo puro, todo lo amable, todo lo honorable, si hay alguna virtud o algo que merece elogio, en esto meditad" (Filipenses 4.8 La Biblia de las Américas).

- El perfeccionamiento propio es un proceso que dura toda la vida.
- Aprende de los errores de otros. Nunca vivirás demasiado tiempo para hacerlos tú mismo.
- No te jactes cuando excedes tus expectativas si tus objetivos sólo fueron mediocres.
- Estudia y evalúa tu propia conducta.
- Aprende a contar una buena historia.
- De vez en cuando, ponte un objetivo que te aterra absolutamente.
- Aprende a prosperar en desafíos y cambios.
- Cuando pienses que has aprendido demasiado, en verdad no lo has hecho.

- No te acobardes al tratar de hacer lo que en realidad piensas que no podrás hacer. Puedes sorprenderte a ti mismo y probablemente lo disfrutarás.
- Es difícil aprender de un error cuando no lo reconoces.
- Nunca confundas actividad con logro.
- Desarrolla un estilo único.
- Considera cómo puedes hacer un mayor impacto con tu tiempo, dinero, y talentos.
- Ver es mejor que mirar.
- Escuchar es mejor que oír.
- Hacer es mejor que hablar.

¿No saben que el cuerpo del cristiano es templo del Espíritu Santo que Dios le dio, y que el Espíritu Santo habita?

1 Corintios 6.19

La Biblia al Día

QUINCE

TU CUERPO ES UN TEMPLO

Uno de los más grandes misterios de nuestra cultura se encuentra en la obsesión por la condición física. El misterio no es que la gente esté haciendo cada vez más ejercicios. El misterio es que estemos en peores condiciones, como nunca antes.

Con la proliferación de los clubes de gimnasia, el énfasis sobre comer comidas saludables, y la presencia de al menos tres exhibiciones en las noches, por la televisión de cable, dedicados a los últimos ejercicios de aparatos para el hogar, deberíamos tener la mejor figura en todo el planeta. Por desgracia, ese *debería* nunca ha logrado que alguien tenga una buena figura.

La triste realidad es que estamos ganando peso en una tasa alarmante, nuestros muchachos se encuentran en terribles condiciones, y aun nuestros atletas profesionales fueron vapuleados por atletas de otros países en algún deporte que nosotros no hayamos inventado primero.

¿Cuál es el problema? Pensamos que esto tiene que hacerse con *intención* y *atención*. Probablemente tienes mucha *intención* de alcanzar una figura, pero no la tienes. Tú dices estoy por empezar a prestar *atención* a los detalles de la dieta y ejercicios, pero no es así la realidad. Cuando pones aquellas dos cosas juntas, ellas significan "no estar en forma". Y estar fuera de forma generalmente conduce a todo tipo de desventajas, pudiendo afectar tu respiración, sueño, falta de resistencia, y obesidad (ninguna de las cuales te añadirá años o aumentará tu calidad de vida).

Exactamente como en todas las áreas de tu vida, el secreto para alcanzar y estar saludable radica en los detalles. Cambiar no sucederá de la noche a la mañana. Toma tiempo, ya que una multitud de pequeñas disciplinas son repetidas a diario. El proceso puede ser tedioso, pero bien vale la pena hacer el esfuerzo. No sólo te sentirás mejor, ¡también pensarás mejor!

Un cuerpo sano puede promover una mente sana (a la inversa, problemas de salud debido a malos hábitos alimenticios y esporádicos ejercicios pueden socavar la mente).

Podemos ser criaturas espirituales en el fondo, pero mientras estemos en esta tierra nuestros cuerpos físicos serán como una casa para nuestros espíritus. Hagamos todo lo que esté a nuestro alcance para mantener la casa en la mejor forma.

... En las pequeñas cosas

- La condición del alma debería tener prioridad sobre la condición del cuerpo, pero las dos no se excluyen mutuamente.
- La condición física debería ser una disciplina no una obsesión.
- La constancia funciona mejor cuando es acompañada de persistencia.

- Mantente en forma.
- Enfócate más en hacia dónde vas que en dónde estás.
- Nunca es demasiado tarde para hacer un cambio en tu vida.
- Generalmente pierdes interés en algo que está fuera de foco.
- Cuando se trata de ejercicios, la dirección será más importante que la velocidad.
- Si comienzas el día con la expectativa de que nada significante ocurrirá, no te equivocarás.
- Hazlo ahora.
- Lo que saques de tu cuerpo estará directamente relacionado con lo que pones en él.

- No corras con la pelota a menos que sepas donde está la portería.
- Tu éxito más grande será el esfuerzo que dediques para ser lo mejor que puedes ser, y para lograr lo que sólo tú puedes alcanzar.
- No vayas tras dietas milagrosas. Puedes perder peso en poco tiempo, pero a la larga la única cosa que adelgazará será tu cartera.
- Un cuerpo saludable y una mente lista generalmente van de la mano.
- Corre la carrera para ganar, aunque no seas favorito.

Ya que tengáis por vuestra ambición el llevar una vida tranquila, y os ocupéis en vuestros propios asuntos…

1 Tesalonicenses 4.11
La Biblia de las Américas

DIECISÉIS

Simplifica tu vida y la disfrutarás más

¿Anhelas ansiosamente llevar una vida más simple? Mucha gente lo hace. Pareciera como si todos nosotros estuviéramos muy ocupados, con demasiadas cosas para hacer, y con demasiadas cuentas para pagar (principalmente a causa de las tantas cosas que tenemos). Si te has dicho: "Deténgase el mundo, que me quiero bajar", entonces probablemente eres un buen candidato para la simplicidad.

Pero, ¿qué significa eso? Puedes oír la palabra *simplicidad* e indebidamente la asocias con el deseo propio de vivir en la pobreza o con pocas ambiciones. Debes pensar en una vida simple como una existencia aburrida y vacía. Pero, piénsalo bien.

La simplicidad no le restará algo a tu vida. Un estilo más

simple de vida hoy en día puede *añadir* calidad y satisfacción a tu vida. Cuando la simplicidad venga a tu vida no te significará pobreza. Todo lo contrario, cuando tú identificas aquellas cosas y aquella gente que realmente son importante para ti, eso le dará más sentido a tu vida, pues tú mismo por propia decisión escogerás hacer aquellas cosas que aumentarán tu calidad de vida. El resultado final será que tu vida se *enriquecerá*, no se empobrecerá.

En la mayoría de nosotros, nuestro problema no es que necesitemos *más*. Lo que necesitamos es algo *mejor*. ¿Tienes algunas cosas que ya no usas o que están deterioradas? Porque ellas no añadirán más valor a tu vida, despréndete de ellas (puedes dárselas a gente necesitada). ¿Tienes tu agenda tan cargada que no tienes tiempo para esa gente y aquellas actividades que añaden riqueza a tu vida en vez de restarle? Aprende cómo decir "no". Aprende a considerar las prioridades.

Mientras estés sacando cosas afuera y aprendiendo a decir no, conserva este profundo pensamiento en la mente: La razón de que nuestras vidas sean tan complicadas es que ellas están demasiado centradas en nosotros mismos. Richard Foster escribe que "simplicidad significa moverse fuera de toda preocupación por nosotros mismos... para estar centrado en Dios".

No es Dios el que te guía a una vida más complicada (y más tensa). Estarás en esa condición precisamente por causa de ti mismo. Dios quiere que tú le entregues a Él las pequeñas cosas y las tensiones de tu vida, encontrarás que tu vida tendrá más paz y será más productiva. Naturalmente, querrás limpiar el desbarajuste de desorden y la confusión en tu vida para darle más cabida a Dios.

Tomás Kelly escribió que nuestra más profunda necesidad "no es comida, ni ropa o resguardo, aunque sean importantes. Sino Dios".

...En las pequeñas cosas

- Aprecia la simplicidad.

- Aprende a pasar un buen tiempo sin tener que gastar un montón de dinero.
- La satisfacción comienza cuando cesa la comparación.
- Tus necesidades siempre superarán tu vigor.
- Mientras los pobres sueñan con alcanzar riquezas, el rico desespera por la simplicidad.
- Lo que sea puede durar más que un año.
- No desperdicies el dinero en problemas.
- Si no puedes tenerlo, no lo necesitas.
- Nunca permitas que tus deseos excedan tus ingresos.
- Vive tan satisfecho con lo que no tienes como con lo que tienes.
- Tu riqueza es medida por la escasez de tus deseos.

- Nunca compres algo con el propósito de impresionar a otros.
- Estar privado de algo que tú deseas es mejor que tener algo que tú desprecias.
- Si no puedes vivir sin eso, ve a casa y piénsalo hasta el día siguiente.
- Hazte el objetivo para toda la vida de remover la confusión y el desorden.
- Lo que tú eres tiene muy poco que ver con lo que tienes.

Vuestro Padre celestial sabe que
necesitáis todas estas cosas.
Pero buscad primero su reino
y su justicia, y todas estas
cosas os serán añadidas.

Mateo 6.32-33

La Biblia de las Américas

DIECISIETE

Pon en orden tus prioridades

Aquí te presentamos un ejercicio que absolutamente te asombrará. Al cabo de un día (cualquier día puede ser), siéntate con una hoja de papel blanco y escribe todo lo que hiciste ese día. Todo, incluso cada detalle. Si eres realmente concienzudo (y honesto), estarás por concluir una lista con más de cien puntos en ella.

Ahora regresa y ordena tus actividades de acuerdo a la siguiente escala, la cual fue desarrollada por Richard Foster:

- Esencial
- Importante pero no esencial
- Útil pero no necesario
- Trivial

Cuando hayas finalizado, mira la lista. Considerarás dos cosas sobresalientes. Primero, notarás cuántos detalles hay en un día. ¿Cómo hiciste todo eso? Segundo, cuánto tiempo gastaste en cosas triviales e innecesarias, y cuán poco tiempo dedicaste a los detalles esenciales e importantes. Asumiendo que fuiste honesto, ahora tienes una medida de tus prioridades, y ellas no deben ser lo que tú esperabas. Tú pensabas que las cosas importantes y esenciales eran tus altas prioridades, pero en realidad son las cosas innecesarias y triviales las que ocupan la mayoría de tu tiempo.

El problema es que los detalles de nuestras vidas realmente no importan demasiado cuando los miras desde la perspectiva de Dios. No es que Dios no se interese por nuestras pequeñas cosas. Él se interesa por ellas más de lo que lo hacemos nosotros. Todo lo que Él pregunta es si ponemos a Dios a la cabeza de nuestra lista de prioridades.

Jesús hizo una simple declaración acerca de las prioridades cuando dijo: "Pero buscad primero su reino y su justicia" (Mateo 6.33 La Biblia de las Américas). ¿Qué quiso decir con esto? En vez de estar preocupado de los detalles, visualiza a Dios primero. Confíale el orden de tus prioridades. Confíale el manejo de las pequeñas cosas.

Cuando reduces tus prioridades a un detalle (o sea Dios) entonces los demás detalles se ubican correctamente en su lugar, pero no en forma inmediata. Si esto es nuevo para ti, va a llevarte algún tiempo. Pero en un tiempo relativamente corto (si permaneces cada día dándole las pequeñas cosas de tu vida a Dios) tendrás un enfoque más claro y efectivo en tu vida.

...En las pequeñas cosas

- Puedes comenzar tu día sin Dios. Pero en realidad nunca lo habrás comenzado.
- Si te encuentras poniendo tu confianza en el dinero, inteligencia, belleza, o logros, recuerda que todas esas cosas vienen de Dios. Piensa entonces en quién debes poner tu confianza.

- La forma en que enfrentas la vida cada día depende de lo que traigas a tu vida cada día.
- No te preocupes tanto por el *cuando*, no sea que pierdas el *ahora*.
- Esfuérzate por ser una persona de fe más que una persona de fama.
- Si lo que estás haciendo no tendrá un impacto en al menos cinco años, probablemente no sea importante ahora.
- Tú sabrás que algo llegará a ser de valor cuando pase de tu cabeza, a tu corazón y a tus manos.
- Para encontrar tus prioridades en la vida, examina tus excesos.
- No permitas que tus sueños se desvanezcan.
- No puedes planear el futuro mirando por el espejo retrovisor.

- Cuando mires hacia el futuro, hazlo con valentía.
- Lo que piensas cuando no tienes nada para hacer revela lo que es importante para ti.
- Abraza el poder del amor. Rechaza el amor al poder.
- Vivir una vida buena es de más valor que "darse una buena vida".

Pero la piedad, en efecto, es un medio de gran ganancia cuando va acompañada de contentamiento.

1 Timoteo 6.6

La Biblia de las Américas

DIECIOCHO

El contentamiento es bueno para el alma

Como en muchas palabras, hemos perdido el significado de *contentamiento*. De alguna manera tenemos la noción de que el contentamiento es lo opuesto al éxito. Nosotros creemos que podemos acceder al contentamiento sólo si dejamos de esforzarnos. ¿Y quién desea hacer eso? Tememos que si nos quedamos quietos por un momento, el mundo nos pase por encima, de modo que nos proponemos en nuestro interior la posibilidad de estar contentos *algún día*, quizá cuando nos jubilemos.

Si eres una persona normal que trata de ir hacia delante en la vida, probablemente contentamiento sea lo último que sueñas alcanzar, con todo existe una buena posibilidad de que tú lo *anheles* ansiosamente. ¿Por qué? Porque en el fondo, contentamiento es paz en el alma. Contentamiento es felicidad. La persona que está contenta tiene poco o nada de tensiones.

Sin embargo, fingimos ir hacia delante como soldados en la batalla. Nos zambullimos en el turbulento río de la sociedad y nos dejamos llevar por la corriente del consumismo, de los compromisos, y del trabajo excesivo. ¿Y todo por qué? Por encontrar la felicidad. Paz en el alma. Satisfacción. Pero sólo nos estamos engañando a nosotros mismos. Afanándonos, consumiendo, y acumulando nunca nos llevarán a la felicidad. Sino más bien, nos provocan ansiedad, preocupación, infelicidad y (a la larga) ineficacia.

Aun mientras lees, reflexiona en tu mente y medita sobre algunas cualidades del verdadero contentamiento. En primer lugar, tener contentamiento no significa ser perezoso. El descontento afecta tanto al rico como al pobre sin distinción. Lo que ellos tienen en común es que ambos quieren más cosas.

En segundo lugar, no compares contentamiento con ser inferior o de poca iniciativa. Hay un poder tremendo en el contentamiento, porque cuando tú estás contento con lo que tienes, eres libre de pretensiones, libre en lo concerniente a tenerlo todo *ahora*, y (en la mayoría de los casos) libre de tensiones.

Tercero, no sólo es posible sino deseable el tener contentamiento y ambición a la vez. Si tus ambiciones vienen de un deseo por servir a Dios, ayudar a otros, y crecer tú mismo, entonces harás un tremendo impacto a tu alrededor, y el cumplimiento de tus ambiciones te brindarán mucha felicidad y contentamiento.

...En las pequeñas cosas

- No adquieras todo lo que deseas.
- El contentamiento con tu situación te ocasionará satisfacción.
- Si tú crees por un momento que tú eres dueño

aun de una simple posesión, tu contentamiento se atará a ella.

- Si no puedes dormir en la noche, revisa tu almohada.
- Si no puedes dormir por dos noches, revisa tu colchón.
- Si no puedes dormir por tres noches, revisa tu conciencia.
- La alegría proviene más del hecho de controlar tus pasiones que de dar rienda suelta a ellas.
- No consideres tu infortunio como desgracia, siempre hay alguien a quien le suceden cosas peores, siempre.
- Disfruta la felicidad, atesora la alegría.
- El mejor tiempo para relajarte es cuando estás demasiado ocupado.

- Ten cuidado con la poca productividad de una vida ocupada.
- Ama la tranquilidad.
- Puesto que el agotamiento comienza y termina en tu interior, allí es donde debe empezar un genuino descanso.
- Aprende a relajarte sin sentirte culpable.
- Vive entre la complacencia y la crisis.

Por lo tanto, te aconsejo que
no te preocupes por la comida,
la bebida, el dinero y la ropa,
porque tienes vida y eso es más
importante que comer y vestir.

Mateo 6.25
La Biblia al Día

DIECINUEVE

Deja de preocuparte y comienza a vivir

La preocupación es uno de los hábitos más destructivos que el ser humano jamás haya tenido, ya que perjudica muchas áreas de la vida. Cuando te preocupas acerca de cosas, tus pensamientos y emociones se concentran en un evento que ni siquiera ha tomado lugar. Es como dijo una vez Mark Twain: "Ya soy un hombre viejo y he experimentado una gran cantidad de problemas, pero la mayoría de ellos nunca han sucedido".

Preocuparse es estar totalmente pasivo. Para nada sirve. Por otro lado, preocuparse puede literalmente enfermarte para que no lleves a cabo las cosas que realmente son importantes.

Medita en este pensamiento: La preocupación puede mantenerte alejado de vivir lo que Dios, quiere para ti.

Piensa acerca de las cosas que te preocupan. En forma increíble, es probable que tus preocupaciones sean por las pequeñas cosas. Esos detalles de la vida sobre los cuales tienes poco o ningún control. Oswald Chambers escribió: "No sólo es un error preocuparse, también es incredulidad; preocuparse significa no creer que Dios puede encargarse de los detalles prácticos de nuestras vidas, los cuales son nuestra verdadera preocupación".

Jesús preguntó retóricamente: "¿Quién de vosotros, por ansioso que esté, puede añadir una hora al curso de su vida?" (Mateo 6.27 La Biblia de las Américas). Por supuesto que nadie, lo único que nuestras preocupaciones pueden hacer es restar en vez de añadir a nuestras vidas. ¿Estás tratando de ordenar los detalles de tu vida tan cuidadosamente, que estás dejando a Dios afuera del proceso? Entonces, seguramente debes estar preocupándote demasiado. Estás, descansando en tus propias habilidades, y piensas que tienes mucho para perder si las cosas no se hacen de la forma que tú quieres.

Claramente el antídoto de la preocupación es confiar en Dios para que Él se haga cargo de las pequeñas cosas de tu vida. Invítalo a Él a participar en los detalles de tu vida. "Encomiéndenle sus ansiedades", dice la Biblia. "porque Él siempre cuida de ustedes" (1 Pedro 5.7 La Biblia al Día).

...En las pequeñas cosas

- Vive más preocupándote menos.
- No te preocupes por lo que no puedes hacer.
- Si quieres hacerlo, preocúpate por las cosas que deberías hacer y no las haces.
- Antes de preocuparte innecesariamente, pregúntale: "¿Qué es lo peor que podría suceder?"

- Cuando te sientas abrumado, recuerda de hacer una cosa a la vez, un día a la vez.
- La preocupación ocurre cuando dejas a Dios fuera del proceso.
- La ansiedad tiene corta vida si se la entregamos a Dios.
- Si te preparas para el futuro, no tendrás que preocuparte de él.
- No te preocupes tanto por donde te encuentras, sino hacia dónde te diriges.
- Más que preocuparte por el cambio, aprende a lidiar con él.
- La preocupación es una elección.
- Cuando tú eliges preocuparte, eliges no confiar en Dios.

- La preocupación puede literalmente hacerte daño, emocional, física, mental, y espiritualmente.
- En vez de preocuparte acerca de lo que no puedes hacer, piensa en lo que Dios puede hacer por ti.
- La mejor forma para dejar de preocuparse es empezar a orar.
- Nunca confundas preocupación por el mañana con planificar para mañana.
- La oración cambia las cosas; la preocupación no cambia nada.

Amados hermanos, ¿están ustedes afrontando muchas dificultades y tentaciones? ¡Alégrense, porque la paciencia crece mejor cuando el camino es escabroso!

Santiago 1.2-3
La Biblia al Día

VEINTE

Acepta la adversidad

La adversidad es, desde luego, la más grande maldición y la más grande bendición de la raza humana. Todo comenzó cuando Adán y Eva desobedecieron a Dios en el huerto del Edén, quien no tuvo otra opción que la de darles un escarmiento a sus flamantes criaturas. Dios no maldijo a Adán y a Eva, ellos mismos se maldijeron. En lugar de eso, Dios maldijo "la tierra". Desde ese día en adelante, la especie humana ha tenido que luchar para aprovechar los beneficios de la tierra y al mismo tiempo tratar de resistir la adversidad.

Sí, nosotros estamos mucho más sofisticados que en aquellos días, pero a pesar de nuestros avances tecnológicos, aún luchamos con lo que sale de la tierra. Ya sea grandes cosas como guerras y el clima, o cosas más pequeñas como la enfermedad o el crimen, la tierra y todo lo que hay en ella pareciera estar en contra de nosotros.

Por supuesto, nosotros los humanos hemos aprendido bastante bien a adaptarnos a condiciones adversas. Por experiencia propia, cada uno de nosotros sabe que el dolor y el sufrimiento forman parte de la vida. Tú puedes cortar con la adversidad, así como también puedes negociar con ella. Admiramos a la gente que experimenta extrema o constante adversidad. De hecho, parece que el único camino al éxito *atraviesa por* la adversidad.

Ciertamente no estaremos en desacuerdo con aquellos que valoran la adversidad. Pero cuando decimos, "aceptar la adversidad", estamos diciendo algo totalmente diferente de lo que tú estás pensando. Esto es lo que queremos decir. Desde que Adán y Eva pecaron y Dios maldijo la tierra, la única bendición verdadera que hemos disfrutado ha venido de Dios. Aún, la tan llamada "buena vida" ofrece, a lo mucho, una satisfacción temporaria. En ocasiones, la cizaña crece en los mejores jardines, y aun los cuerpos más saludables suelen enfermarse. En definitiva, la adversidad sacará a flote lo mejor de nosotros.

La única persona que completamente venció a la adversidad una vez y para siempre fue Jesús, y Él no lo hizo sólo por Él mismo. Jesús hizo el último sacrificio dando su propia vida por nosotros. Y cuando aceptamos lo que Jesús hizo, estamos diciendo que sólo Jesús es capaz y digno de vencer nuestras principales adversidades (que son el pecado y la muerte).

No te detengas, cobra fuerzas en medio de tus penas. Crece a través de tu dolor, mientras reconoces que tu capacidad para vencer la adversidad es una bendición de parte de Dios. Conforme ejercitas tu valor, también ejercitas tu fe. Acepta el hecho de que Jesús triunfó sobre la adversidad y ahora te ofrece a ti descanso en medio de tus aflicciones y adversidades.

...En las pequeñas cosas

- Convierte tus fracasos en éxito, aprendiendo de ellos.
- Resiste la inclinación natural de mantenerte a

distancia de la adversidad. Acéptala con total disposición.

- Aun cuando la situación pareciera ser la peor, dale dos semanas más.

- Aprenderás más de la adversidad que de la bonanza.

- Que tus dificultades sean oportunidades para que Dios tenga el control.

- Dios te protegerá de las aflicciones, o te dará fortaleza para que soportes. Tú ganas de las dos formas.

- Una piel firme y una memoria corta son las mejores armas para enfrentar la crítica destructiva.

- En tanto que la gente venturosa mira sobre sus hombros con suspicacia, los que experimentan la adversidad miran adelante con esperanza.

- Coraje no es ausencia del temor, es la habilidad de actuar, aun en presencia de temor.
- La adversidad produce congoja cuando llega, y regocijo cuando se va.
- Tú no sabes que hasta que seas un desafortunado, eres un afortunado.
- Trata creativamente con la adversidad. Cuando no puedas pagar la cuenta de la electricidad, ten una cena romántica a la luz de las velas.
- Las dificultades son oportunidades para crecer. Si tratas de evitar todas las pruebas, simplemente estarás deteniendo tu desarrollo.

¡Qué maravilloso es nuestro Dios!
Él es el Padre de nuestro Señor
Jesucristo, Padre de las misericordias
y Dios de las consolaciones.

2 Corintios 1.3

La Biblia al Día

VEINTIUNO

El Dios que nos consuela

Consuelo es un don precioso y maravilloso. ¿Recuerdas alguna ocasión cuando eras niño y necesitaste consuelo? Tal vez fue algo tan simple como una rodilla pelada pero tu mamá lo tomó seriamente consolándote besando tu herida y luego poniendo una venda sobre ella y diciéndote que todo estaría bien. O puede ser que siendo mayor, alguien importante para ti te lastimó profundamente, y entonces un amigo te consoló con palabras de aliento.

Cada uno de esos hechos son vivos y maravillosos recuerdos. Sin embargo, a veces el consuelo de un ser querido no es suficiente. A veces la herida es tan profunda que ninguna palabra humana puede ayudar a aliviar el dolor. Ninguna mera venda puede cubrir el daño.

Allí es cuando necesitas buscar un consuelo mucho más efectivo que el consuelo humano, el consuelo de Dios. No es algo místico, tampoco un concepto lejano. Dios realmente provee consuelo a aquellos que claman a Él en tiempos de necesidad. El problema es que mucha gente está ocupada culpando a Dios por sus dramas que no se dan cuenta de cuán cerca está Él y lo mucho que Él quiere consolarles. Diferente al consuelo humano, el cual nos hace sentir bien momentáneamente, el consuelo de Dios nos ofrece fortaleza para toda la vida.

El significado de consuelo cobra relevancia en tanto que define las obras de Dios para con nosotros. Cuando la Biblia habla acerca del consuelo de Dios, describe un consuelo de fortaleza y refrigerio. El consuelo de Dios está cimentado en la idea de cercanía. En realidad, cuando Él nos consuela, Dios nos quiere cerca de Él.

¿No estará Dios llamándote a estar cerca de Él en tus tiempos de dificultades? Ve a Él en oración y a través de su Palabra. Allí encontrarás fortaleza, seguridad, y alivio. ¿Estás herido? ¿Estás luchando con soledad? Dios quiere que te acerques a Él y así puedas sentir su grandioso amor. Vamos, no te detengas. Pide a Dios su consuelo en cada detalle de tu vida.

...En las pequeñas cosas

- Una mirada retrospectiva de lo que Dios ha hecho por ti fortalecerá tu fe en el futuro.
- Aunque no sientas a Dios a tu lado, puedes saber que Él está cerca.
- Más que usar a Dios para resolver tus problemas, usa tus problemas para estar cerca de Dios.
- Dios no te promete una vida sin dificultades. Pero sí te promete que Él siempre estará contigo.
- No siempre podemos elegir las situaciones que la vida nos presenta, pero sí podemos elegir la actitud que tendremos para enfrentarlas.

- A veces las palabras de consuelo más efectivas, no son palabras precisamente.
- El consuelo de Dios no necesariamente te dará la esperanza de que mañana habrá un día mejor.
- Puede ser que Dios no te dé consuelo si eso va a ser un obstáculo para que tú hagas lo que Él quiere que hagas.
- Es posible que Dios te dé consuelo sin remover tu adversidad.
- El consuelo de Dios puede ser lo que exactamente necesitas para tratar con tu adversidad.
- Una de las razones por las que Dios nos consuela es para que podamos consolar a otros.
- Nunca pongas "peros" al consuelo que brindes a otros.

- Si no sabes cómo consolar a otros, trata de ponerte en su lugar.
- Nuestro principal consuelo es saber que un día estaremos con Dios.

Bendito el que lee esta
profecía, y benditos los que
la oyen y le hacen caso.

Apocalipsis 1.3
La Biblia al Día

VEINTIDÓS

APRENDE A LEER

Alguien una vez dijo que tú serás la misma persona dentro de cinco años tal como eres hoy, excepto por la gente que te rodea y los libros que lees. La idea es que no crecerás como persona a menos que aportes nuevas (y fundamentalmente positivas) influencias a tu vida.

Lo alternativo es hacer lo que la mayoría de la gente hace, nada. La gente rara vez o nunca busca nuevas amistades, mentores, o integrarse en la vida de otras personas. Rara vez o nunca leen libros o artículos relevantes y enriquecedores (no hablamos de periódicos, revistas de rumores, y guías de programación televisiva).

No nos mal interpretes. No estamos diciendo que deberías desechar tus viejos amigos para darle más lugar a los nuevos (a menos que estés juntándote con un grupo que no es una buena influencia para ti). Y tampoco estamos diciendo que deberías evitar las cosas triviales cuando lees. Sólo estamos presentándote el desafío de dar un paso adelante en tus relaciones de amistad y escalar a un nivel más alto en tus hábitos de lectura.

Leer es la puerta de acceso que te lleva al crecimiento. Los libros contienen información, puntos de vista, e inspiración, los cuales contribuirán significativamente a tu desarrollo mental y espiritual. Sin la guía de los libros, lo único que haces es divagar. Eres como un bote en el mar sin brújula y sin mapa. Tienes todo para llegar a donde sea, pero sin ninguna dirección.

Los libros contienen experiencias de gente que ha fracasado miserablemente tanto como las de aquellos que han triunfado grandiosamente (ambas son de provecho). Los buenos libros presentan ideas y conceptos que abarcan más allá de los límites que nos hemos impuestos.

Esto especialmente es verdad con la Biblia. El libro más grande que jamás se haya escrito te enseñará, corregirá, inspirará, y te pondrá frente al Autor. El rey David escribió que las palabras de Dios son "deseables más que el oro" y "más dulces que la miel" (Salmo 19.10 La Biblia de las Américas). La Biblia es la guía básica para la vida. Léela diariamente. Y hazte el hábito de leer también otros libros enriquecedores.

...En las pequeñas cosas

- La persona que no lee buenos libros no lleva ventaja alguna sobre la persona que no puede leerlos.
- Construye tu biblioteca personal con libros de encuadernación dura que trascenderán siglos y circunstancias.
- Lee la cubierta de un periódico local cada día. Mantente informado acerca de los eventos en curso.
- Lee quince minutos todas las noches antes de acostarte.

- La historia del mundo es simplemente la biografía de grandes personas.
- Lee al menos una biografía al año.
- Lee "Cómo ganar amigos e influenciar a la gente" por Dale Carnegie al menos una vez al año.
- Sé un lector, pero de los que leen entre líneas.
- Al comenzar cada año, elige un tema de interés, y en los próximos doce meses aprende lo que más puedas al respecto.
- Trata de leer la escritura en la pared antes de darle las espaldas.
- La próxima vez que leas un libro realmente grandioso, haz todos los esfuerzos para comunicarte con el autor.
- Lee libros en una variedad de temas ampliará tu conocimiento y encanto personal.

- Lee un libro por mes.
- Premia a tus hijos cada vez que lean un libro.
- El hecho de estar impreso no lo hace digno de ser leído.
- El hecho de aparecer en televisión no lo hace digno de ser visto.
- Escucha libros grabados en cintas cuando estás en el auto.
- Intenta por una semana no mirar televisión.
- Cada vez que leas un libro de un autor nuevo, vuelve y lee un clásico que ha superado la prueba de tiempo.

Nuestra mejor carta son ustedes mismos. Cualquiera que vea los cambios que se han operado en el corazón de ustedes sabrá evaluar la buena obra que hemos realizado entre ustedes.

2 Corintios 3.2

La Biblia al Día

VEINTITRÉS

APRENDE A ESCRIBIR

A mucha gente le gusta leer, pero pocos disfrutan escribir. Eso probablemente porque la mayoría de nuestras experiencias como escritores han estado ligadas a proyectos no tan agradables, tales como tareas de investigación en la escuela. Y a diferencia de leer un libro, no hay tal cosa como "hojear" cuando escribes. No hay atajos.

Otra razón por la cual la gente tiene poca predisposición para escribir es que tienen temor de que alguien más vaya a leer lo que ellos han escrito. Cuando tú escribes, más allá de hacerlo para una calificación en la escuela, estás desarrollando una falta de naturalidad al respecto, porque no puedes superar la idea de que alguien más va a estar "evaluando" tu ortografía y gramática.

Puede que tengas temor de que alguien te critique, o peor aún, que alguien se ría de lo que has escrito (especialmente si no pretendía ser gracioso).

De modo que rara vez escribes y te pierdes una de las más grandes formas de comunicación y expresión personal. Mira ahora esta realidad. Cuando te expresas a ti mismo a través de la escritura, tú revelas más acerca de ti mismo que lo que jamás podrías hablando, aun si tú no estás escribiendo acerca de ti mismo. El hecho de escribir te lleva a elegir palabras en forma más cuidadosa, pues tienes que pensar profundamente.

Queremos ayudarte a que comiences una carrera personal como escritor. Olvídate de que vayas a ser el próximo gran novelista de América o incluso de tener algo publicado (aunque seríamos los últimos en desanimarte al respecto). Lo que tenemos en mente es la escritura personal (también conocido como *diario de la vida*) que quizás nunca será leído por ningún otro (bueno, relájate ya no estás presionado).

La siguiente es una manera fácil de comenzar un diario de vida. Compra uno de esos libros en blanco (en todas las librerías podrás encontrarlos) y comienza a tomar nota de tus sentimientos acerca de las cosas. Escribe allí los detalles de tu vida y entonces cuéntate a ti mismo cómo ellos te han impactado. No te preocupes acerca de la gramática u ortografía, sólo escribe.

Escribe lo que sientes acerca de la gente que te rodea. Escribe lo que sientes acerca de Dios. Para inspirarte en esta área, lee los Salmos, los cuales contienen algunos de los más personales y apasionados escritos de la Biblia. Si te tomas un pequeño tiempo algunas veces a la semana para tomar nota de tus pensamientos, te maravillarás de los resultados. Encontrarás que las pequeñas cosas en tu vida se percibirán más ordenadas, y las grandes cosas no parecerán tan tremendas.

...En las pequeñas cosas

- Aprende a escribir cartas encantadoras.

- Escribe una nota de agradecimiento a un maestro que hayas tenido en el pasado.

- Una nota escrita a mano siempre impacta más que una impresa.

- Desarrolla tu vocabulario, pero no uses exageradamente palabras rebuscadas.

- Escribe una autobiografía y actualízala cada año.

- Aquí va una idea para la próxima vez que escribas una de esas cartas de Navidad que nadie lee: Inventa un ramillete de cosas y mira si alguien llama.

- Desarrolla tu vocabulario para expresarte a ti mismo, no para impresionar a otros.

- Imita a tu agente de seguros de vida: Envía sistemáticamente tarjetas de cumpleaños a la gente que es importante para ti.

- Todo el mundo tiene una historia de su vida. Piensa en la tuya, escríbela, y entonces busca una oportunidad para relatarla en público.
- Si tú disfrutas expresándote a ti mismo con palabras, trata escribiendo más y hablando menos.
- Toma el hábito de escribir notas de agradecimiento, aun por las pequeñas cosas y gestos de amabilidad.
- Cuando escribas, emplea oraciones cortas y palabras descriptivas.
- Una vez que hayas finalizado de escribir algo, comienza a leerlo en voz alta desde el principio.
- Llegarás a ser un mejor escritor.
- Una de las mejores formas para desarrollar un buen estilo de escritura es leer buenos libros.

Amados hermanos, el
cristiano debe oír mucho, hablar
poco y enojarse menos.

Santiago 1.19
La Biblia al Día

VEINTICUATRO

Comunicación es más que hablar

Cuando hablamos de comunicación, notamos dos tipos de personas en el mundo, aquellos que disfrutan de escuchar hablar a otros, y aquéllos a los que les encanta escucharse a sí mismos (y todos nosotros sabemos con qué tipo de persona es más divertido estar).

Las destrezas de una buena comunicación comienzan con saber escuchar. Escuchar no sólo te lleva a aprender cosas acerca de otra persona, sino que también haces sentir a otros importantes al brindarles tu total atención, haciendo gestos con la cabeza y contacto visual. Por supuesto, tu objetivo puede ser ayudar a otros a ser buenos oidores haciendo toda la charla tú mismo. Si bien, no recomendamos esto, te ofrecemos el siguiente consejo: Aprende a distinguir entre gestos con la cabeza que demuestran un genuino interés y aquellos que indican que tu oyente se está durmiendo de puro aburrimiento.

Si aún no estás convencido de que escuchar es una práctica mejor de comunicación que el hablar, intenta este experimento.

La próxima vez que estés con una gran cantidad de gente en una fiesta o en un evento especial, haz lo mejor que puedas para escuchar atentamente. Acaricia tu barba y di: "Ya veo", cuando alguien comparte su opinión. En ocasiones exprésate con tus ojos y di: "Mmmm", cuando otra persona dice algo interesante. Haz también preguntas, más que afirmaciones.

Si practicas esto, te garantizamos al final de la velada serás considerado por los demás como la persona más considerada y dinámica en la sala. Además parecerás increíblemente sabio.

Aunque no aspires a llegar a ser un oyente de primer nivel, tú podrás siempre mejorar tus habilidades de comunicación mediante la propia redacción de tus conversaciones. No dejes de conversar, pero utiliza pocas palabras (y también *mejores*).

Evita los extremos de no brindar halagos y de caer en chismes ofensivos (¿qué otros chismes tienes para contarme?).

Esta es otra forma de comunicación no verbal que es extremadamente efectiva. Cuando acontezca que alguien haya hecho algo bueno por ti, escríbele una nota de agradecimiento. Escribe una nota de ánimo a alguien que la necesita. O si la tragedia golpea a quiénes conoces, envíales una tarjeta expresándoles tus sentimientos. Nunca sabrás cuán importantes serán para ellos tus palabras escritas.

…En las pequeñas cosas

- La gente es atraída por el entusiasmo.
- Ten una pronta sonrisa y un firme apretón de manos.
- Sé el primero en hacer una pregunta.
- Piensa en la pregunta, antes de preguntar.

- De un guiño mana un poderoso mensaje, entonces ten cuidado a quien le guiñas.
- Una tarjeta enviada con una nota personal adentro es más significativa que una tarjeta enviada sólo con la firma.
- Desarrolla hábitos excepcionales para escuchar.
- Atiende con tus ojos tan bien como tus oídos.
- A veces se produce una comunicación más transparente cuando caminas junto a la persona (a su lado).
- Nadie te acusará jamás de ser un conversador aburrido si permites que la gente hable acerca de sí misma.
- Una exposición verdaderamente elocuente incluye todo lo que es necesario, y nada más.

- Los cumplidos bien pensados caen mejor que un halago impulsivo.
- Escuchando, aprendes mejor (ya sabes lo que *tú* dirías).
- Usa escasamente los superlativos.
- La gente que habla mucho acerca de ellos mismos pocas veces quieren oír lo que otros tienen para decir.

Así que sigan alentándose
y edificándose mutuamente,
como ya lo hacen.

1 Tesalonicenses 5.11
La Biblia al Día

VEINTICINCO

El aliento es un regalo

La gente pocas veces piensa acerca del aliento como un regalo porque parece algo tan común. Pero no lo es. El aliento en la actualidad suena como algo totalmente raro (pues pocas veces es dado) y es a la vez tan valioso (por todo lo que significa para el que lo recibe). En nuestra humilde opinión, el aliento equivale al regalo perfecto, y aquí te explicamos por qué:

Es gratis. Alentar a otro no requiere absolutamente ningún gasto de dinero. Esto no significa que no haya costo alguno. Puede costar tu tiempo, creatividad, y atención. Pero todo eso hace que el dar aliento sea algo tan preciado. Requiere algo de *ti*, y no precisamente algo de tu cartera.

No requiere de ninguna compra. No tienes que hacer un viaje hasta el centro comercial en busca de este regalo. Muchas veces puedes enviar el regalo desde tu casa u oficina. Escribiendo una nota de regalo o haciendo un alentador llamado telefónico, puede ser todo lo que necesites.

No necesita tener envoltorio de regalo. Atractivos envoltorios añaden encanto a un regalo, pero no son necesarios para regalar aliento. El recibirlo es hermoso en sí mismo.

Puede ser diseñado a medida. No tienes que preocuparte por las tallas. Pero, no obstante, debes regalar algún pensamiento para que tu regalo de aliento caiga como anillo al dedo. Tienes que pensar en algunos detalles, como cuáles son las mejores palabras de consuelo, motivación, o apoyo que la persona necesita.

No requiere de baterías. Así como muchos regalos requieren de baterías como fuente de energía. No sucede así cuando se regala aliento. Este regalo crea energía en sí mismo. Si no crees que esto es así, entonces observa cómo mejora el desenvolvimiento de alguien a quien tú motivas con un amable y alentador comentario.

Durará toda la vida. Piensa en ello. ¿Qué otro regalo podrías dar a un niño que conservará su valor dentro de unos años?

Brindarle aliento puede hacer precisamente eso. Una pequeña palabra puede hacer una gran diferencia, y los resultados pueden cambiar una vida.

Oh, hay algo más acerca del dar aliento; a nadie le sobra. Así es que no seas mezquino. Regala aliento con frecuencia.

...En las pequeñas cosas

- El entusiasmo alienta a una conducta positiva.
- Pide consejos con frecuencia. Refrénate de darlos.
- Sé amable con las personas antipáticas. Se conmoverán.
- Aliento, alabanza, y reconocimiento son a menudo más efectivos que un ascenso o una bonificación, y siempre son más baratos.

- Ama primero, sí deseas ser amado.
- Alentarás a más personas escuchando que hablando.
- Una expresión agradable dará más belleza a tu rostro.
- La felicidad personal se consigue más fácilmente cuando hacemos felices a otros.
- Las críticas se tornan constructivas cuando las tomas como un desafío.
- Evita hacer declaraciones que pudieran ser interpretadas de dos formas.
- Es una alegría conducir hacia el cielo a alguien que ha estado transitando por el camino opuesto.
- Alégrate de la buena fortuna de los demás.
- Nunca esperes gratitud, pero siempre demuestra aprecio.

- No siempre puedes controlar el tipo de servicio que recibes, pero siempre puedes controlar el tipo de gratitud que entregas.
- Si viene a tu mente el deseo de animar a una persona, hazlo no lo dejes pasar.
- Así como puedes tener falsa modestia, también puedes alentar a alguien con hipocresía. Aprende a ser un motivador *sincero*.
- Alienta a aquellos que te admiran.
- Hazte el hábito de alentar a los jóvenes.

Si Dios te ha concedido habilidades administrativas y te ha hecho responsable del trabajo de otros, cumple con seriedad tu deber.

Romanos 12.8

La Biblia al Día

VEINTISÉIS

El liderazgo es un arte

Hay tantas definiciones de liderazgo como la cantidad de estilos de liderazgo que existen. El líder enérgico: "Yo mando, sí apártate del camino". El líder reacio o desganado dice: "Yo lidero con el ejemplo". El líder de negocios dice: "Un gran líder debe concentrar su misión en la acción". Hay algo de cierto en todos estos modelos de liderazgo, pero ninguno de los conceptos ha dado en el blanco del verdadero significado de liderazgo. Para hacerlo debemos siempre recurrir al líder más grande, la persona que ha impactado a más gente y ha cambiado más vidas, y que ningún otro ha superado, Jesucristo.

Jesús nunca escribió un libro sobre liderazgo. Él nunca fue elegido para ocupar un cargo público y nunca representó a una compañía. Sin embargo, Jesús una vez que habló a más de cinco mil personas (antes de darles un almuerzo gratis), enfocó su atención sobre doce hombres comunes y corrientes. Él realmente prefirió relacionarse con la gente en forma individual.

El hecho de que Jesús nunca empleó el sistema de charlas motivacionales y que no haya viajado a más de cien millas de la ciudad donde vivía, no significa que no haya hecho referencia a la vital importancia del liderazgo. De hecho, Jesús estuvo muy interesado en lo concerniente a líderes y liderazgo, pues sabía que sus discípulos tendrían que seguir sus enseñanzas una vez que él se hubiese ido.

Una de las últimas cosas que Jesús dijo a sus discípulos fue referido al liderazgo. Él les dijo: "antes, el mayor entre vosotros hágase como el menor, y el que dirige como el que sirve" (Lucas 22.26 La Biblia de las Américas).

Allí lo tienes. El más grande principio de liderazgo, lo recibimos del más grande líder que jamás haya existido. Si quieres liderar, tienes que servir. Si quieres ser el líder de muchas personas, tienes que servir a muchas personas. Hay muchos ejemplos de líderes que son despiadados, que se sirven así mismos, y que son codiciosos. Tú puedes encontrarlos en los negocios, en el gobierno, y en las familias. Pero esos líderes en definitiva no permiten que Dios entre en los detalles de sus vidas. Ellos lo excluyen completamente mientras procuran conducir sus pequeños reinos.

Si tú quieres ser un gran líder en el reino de Dios, el único que importa para la eternidad, entonces necesitas permitirle a Dios ser parte en las pequeñas cosas de tu vida mientras fielmente sirves a los demás.

...En las pequeñas cosas

- Facultar es más efectivo que delegar.
- Ten la valentía de hacer que la gente se haga responsable.
- Asóciate con líderes tan a menudo como puedas.

Cuando estés alrededor de ellos lleva un anotador y escribe:

- Un poste de señales, al igual que un compañero, sólo te previene acerca de lo que se aproxima en el camino. Pero un mapa, al igual que un mentor, puede indicarte cómo llegar a donde quieres.
- Busca un mentor.
- Ser un buen ejemplo es mejor que dar buenos consejos.
- Un líder excepcional es aquel que logra que personas comunes y corrientes hagan un trabajo de excelente calidad.
- Hay líderes que nacieron con esa capacidad y hay líderes que han sido formados. Y también están aquellos que llegaron a serlo como respuesta a una necesidad.

- Si quieres liderar, lee.
- Cuando halles un líder, síguelo.
- Cuando identifiques a un seguidor, lidera.
- Usa tu influencia escasamente. Así te durará más tiempo.
- Mantente dispuesto a ocupar el lugar de alguien en caso de emergencia.
- El poder se corrompe en el momento que empiezas a buscarlo.
- Liderar a personas implica primeramente cuidar de ellos.
- Una de las características más serias de liderazgo es que los líderes son juzgados en mayor grado que sus seguidores.

Nadie puede servir a la vez a Dios y al dinero.

Lucas 16.13

La Biblia al Día

VEINTISIETE

El dinero: Aprende a tratar con él

¿Qué tiene el dinero que es el causante de que las sociedades comerciales se disuelvan, de que las amistades se rompan, y de que los matrimonios se separen? Más precisamente: ¿Qué tiene el dinero que motiva que la gente se vuelva el uno contra el otro?

Como de costumbre, la respuesta a esta crucial pregunta podemos encontrarla en la Biblia. De hecho, el dinero es un asunto muy importante en la Biblia. Jesús frecuentemente habló acerca del dinero, pues sabía que el efecto más perjudicial que éste puede tener es el de mantener a las personas alejadas de Dios. Una vez dijo: "A un rico le es muy difícil entrar al reino de los cielos" (Mateo 19.23 La Biblia al Día).

La razón por la que el dinero nos hace codiciosos es porque lo deseamos demasiado. Y la razón de por qué el dinero puede mantenernos alejados de Dios es porque tememos que vayamos a perderlo. Jesús se refirió a esta increíble tendencia humana de evidente insensatez (si rechazamos la vida eterna con Dios por los placeres temporarios del dinero ni siquiera es insensatez, eso no tiene nombre) cuando dijo: "¿Y de qué le sirve a un individuo ganarse el mundo entero si se está destruyendo a sí mismo?" (Lucas 9.25 La Biblia al Día). Buena pregunta. Así que, ¿por qué hacemos lo que hacemos cuando está el dinero de por medio? ¿Por qué trabajamos tan duro para conseguirlo y luego trabajamos aun más duro para mantenerlo?

Pensamos que esto tiene algo que ver con la *propiedad*. Si hay una cualidad que nosotros como humanos valoramos sobre todas las otras, es la confianza en uno mismo.

Y no hay nada que manifieste más confianza en uno mismo que las posesiones. Nosotros deseamos tener cosas porque nos gusta sentir que tenemos el control de los detalles de nuestras vidas. No importa si tú estás haciendo carrera en una corporación multinacional o haciendo efectivo tus cheques en el centro de pago de cada semana; tú amas el sentimiento que el dinero te da.

Hay un solo camino para librarse de la atadura del dinero en nuestras vidas, y es abandonar en nosotros la idea de propiedad. Tenemos que darnos cuenta de que Dios es el verdadero dueño de todo lo que tenemos. No, Él no necesita todas tus cosas (ni siquiera *tú* necesitas todas tus cosas), sino que Él quiere tu corazón. Él quiere que tú le permitas estar en los detalles de tu vida, especialmente en todas tus cosas, de manera que Él pueda elevarte a un nivel más alto de vida. "Después de todo", escribió el apóstol Pablo, "nada trajimos a este mundo y nada podremos llevarnos al morir" (1 Timoteo 6.7 La Biblia al Día).

A lo más, nuestra responsabilidad es administrar lo que Dios nos ha dado como bendición. De hecho, la causa por la que Dios nos puso en este planeta es, en primer lugar, para administrar Sus cosas, las cuales incluyen sus ríos, mares, plantas, animales, y recursos.

No nos mal interpretes. Dios no quiere que seas un necio

con Su dinero. Vive sabiamente y comparte con aquellos que están en necesidad. Sobre todo, busca a Dios y su reino primeramente, y Él proveerá para todas tus necesidades.

...En las pequeñas cosas

- Administra tu dinero como si perteneciera a Dios (pues así es).
- Si tienes un estilo de vida en el que gastas más dinero del que recibes, mantenerlo será tu ruina.
- Cuida los centavos y los dólares se cuidarán por sí solos.
- Elabora un presupuesto para tu futuro. No gastes más dinero del que tienes.
- Es de poco provecho el adquirir riqueza si no la sabes administrar.

- Aparta dinero mensualmente para la Navidad.
- De cada dólar que ganas tienes que ahorrar, y también diezmar.
- Usa una tarjeta de crédito sólo si pudieras pagar la cantidad total a fin de mes.
- El momento para preocuparse acerca del dinero es antes de gastarlo.
- En vez de valorar algo por su costo, piensa qué valor tiene eso en sí mismo.
- Las vacaciones que más se disfrutan son las que están dentro de tu presupuesto.
- Aparta dinero mensualmente para tus vacaciones.
- No estás viviendo razonablemente si tienes que pedir dinero prestado para hacerlo.
- Deja que el dinero sea tu servidor, no tu amo.

El alma generosa será prosperada,
y el que riega será también regado.

Proverbios 11.25
La Biblia de las Américas.

VEINTIOCHO

Un espíritu generoso hace milagros

La más grande cura para la codicia es la generosidad. Es también uno de los sentimientos de mayor satisfacción en el mundo. No estamos hablando de dar tus ropas viejas al Ejército de Salvación (lo único bueno que probablemente sientes haciendo eso es la satisfacción de limpiar tu ropero). La Única forma de sentir la satisfacción de la generosidad verdadera es dar algo que tú valoras.

Esto lleva a la generosidad más allá del dinero a un estado en el que se incluyan tanto posesiones como tiempo. Eso es a lo que el apóstol Pablo se refirió cuando escribió que nosotros deberíamos ser ricos en buenas obras: "Que empleen el dinero en hacer el bien, que se enriquezcan en buenas obras y que compartan lo que Dios les ha dado con los que están en necesidad" (1 Timoteo 6.18 La Biblia al Día).

El espíritu de generosidad ha llegado a estar bastante de moda en los últimos años, y probablemente eso sea algo bueno. El peligro de popularizar la generosidad reside en que algunas personas posiblemente quieran publicar sus donaciones. Cuando eso sucede, tú tienes que preguntarte acerca de la verdadera motivación. Aquí vemos también la cuestión de dar de tu abundancia en oposición a dar con sacrificio. Ambas formas de dar pueden ser útiles, pero sólo una llama la atención de Dios.

Cuando vayas a ser generoso, pregúntate a ti mismo dos cosas. Primero, ¿viene tu generosidad del corazón? Una persona verdaderamente generosa da por amor y compasión, no por el deseo de impresionar a otros. También quieres dar con alegría, no refunfuñando. La generosidad es incompatible con la crítica, el resentimiento, o el lamento.

Aquí tienes otra pregunta para formularte. ¿Es tu generosidad productiva? En otras palabras, ¿estás dando dinero, cosas, o tiempo sin aceptar responsabilidad por las consecuencias? No seas necio. Presta atención a los detalles tales como dónde va a parar lo que das. Recuerda, cada vez que tú das a aquellos "en necesidad", estás haciendo una inversión con los recursos de Dios. Invierte sabiamente. Sé un buen administrador del dinero asegurándote que tu generosidad sea productiva.

...En las pequeñas cosas

- El dinero es como un fertilizante: no es muy bueno a no ser que sea esparcido por los alrededores.
- Si quieres estar en necesidad, amontona.
- Si quieres ser pobre, retiene.
- Si quieres ser rico, da.
- Calcula tu riqueza más por lo que has dado que por lo que tienes.

- Aporta dinero a personas u organizaciones con las que puedas estar personalmente relacionado.

- Iniciativa es mirar lo que se necesita hacer y hacerlo antes que te lo pidan.

- Cubrir una necesidad existente puede ser tan valioso como anticiparse a una nueva.

- Regala de tu tiempo. Es más valioso que cualquier cosa que el dinero puede comprar.

- Dar es más significativo cuando es compatible con tus intereses y objetivos.

- La medida de tu éxito no es lo que está en tu cartera sino lo que está en tu corazón.

- Apoya financieramente a un misionero.

- Cuando das un regalo, no esperes nada a cambio.

- La generosidad no incluye dar algo que nunca echarás de menos.
- Cuando más específico sea lo que das, más productivo será.
- Antes de ayudar financieramente a un individuo o a una organización, encuentra si las siguientes características son evidentes: propósito, estrategia, y responsabilidad ante alguien.
- Comparte tus bendiciones con otros.
- La persona generosa siempre tiene más que suficiente; la persona codiciosa nunca tiene suficiente.

El que se crea demasiado grande para rebajarse a esto, está engañándose, porque su misma actitud demuestra su bajeza.

Gálatas 6.3
La Biblia al Día

VEINTINUEVE

Compasión: Mucho más que lástima

Es posible ser una persona generosa y aún así no tener compasión por los demás. Funciona de esta manera. Digamos que un hombre joven vino a tu puerta pidiéndote que le compraras algunos dulces o una suscripción para una revista de un programa juvenil de alguna especie, y tú sabes que él no vive en tu vecindario. De alguna manera, alguien le ha dejado que pueda ir por las casas de tu calle.

Aunque, si bien este joven tiene buenos modales y ha hecho obviamente un buen trabajo memorizando su pequeño discurso, tú tienes dudas. Te preguntas si en realidad deberías darle los $15 por el dulce o por las revistas. Pero tienes un sentimiento de obligación, o te sientes un poco culpable por haber despedido a otros antes, o te sientes apenado por el joven. De modo que reaciamente acuerdas efectuar una compra.

¿Has sido generoso? Tal vez. ¿El joven te dio lástima? Puede ser. Pero hay una cosa que no has tenido, y eso es compasión.

Simplemente cuando das, ya sea tu dinero o tu tiempo, no necesariamente significa que tienes compasión por otra persona. Nunca cometas el error de pensar que la generosidad y la compasión son la misma cosa. En todo caso, un espíritu generoso fluirá de tu compasión, y no al revés. La compasión genuina significa ver a las demás personas en la forma que Dios la ve. Es decir, mirar en el corazón de esas personas que Dios, por alguna razón u otra, trae a nuestras vidas.

Esas personas pueden ser completamente desconocidas, o personas que ya las has conocido (o por lo menos sabes acerca de ellos) por años. Todos ellos tienen una cosa en común: son amados de la misma manera por Dios, quien los creó a Su imagen.

C. S. Lewis escribió que no hay ninguna persona ordinaria. "Tú nunca has hablado a un simple mortal". Los seres humanos son las únicas criaturas vivientes con alma inmortal. "Después de los benditos sacramentos", Lewis escribió, "tu prójimo es el objeto más santo que ha sido expuesto a tus sentidos".

¿Quién es tu prójimo? Cualquiera en necesidad, sea ésta física o espiritual. La verdadera compasión abarca a tu prójimo, y una compasión genuina le extiende una mano y la otra con respecto considerándolo un amado de Dios. Una compasión genuina se expresa con una palabra de aliento, un vaso de agua fresca, y a veces con la compra de una caja de dulces.

...En las pequeñas cosas

- Que tu principal motivación sea la suave y apacible voz del Espíritu Santo.

- No esperes hacer una gran cosa para Dios en tu vida. En vez de eso, haz muchas cosas pequeñas y buenas por la causa de su Reino, lo cual en sí mismo es una gran cosa.
- Conoce tus intuiciones; Dios puede estar hablándote.
- Lo que te sucede puede ser un accidente. La forma en que respondes no.
- Asegúrate que tu preocupación por los demás incluya hechos.
- Nadie puede hacer el bien naturalmente. Eso lleva esfuerzo y práctica.
- Ayuda al desamparado y da al necesitado, pero hazlo por compasión, no por lástima.
- Pasión y compasión están íntimamente relacionadas.

- Si quieres sentirte bien contigo mismo comienza sirviendo a otros.
- Tu preocupación por los demás es una medida de tu grandeza.

Entonces nuestra boca se llenó de risa, y nuestra lengua de gritos de alegría.

Salmo 126.2

La Biblia de las Américas.

TREINTA

RÍE Y EL MUNDO REIRÁ CONTIGO

Tú ya has oído decir que la risa es la mejor medicina. Bueno, puede que no sea *la mejor* prescripción para contrarrestar lo que te aqueja, pero es beneficioso para tu salud. Investigadores médicos han determinado que la risa tiene un profundo e instantáneo efecto, virtualmente sobre cada órgano vital del cuerpo humano. Lo mejor de todo, es que la risa reduce la tensión a la vez que relaja los tejidos.

Por un gran costo, la gente se asocia a clubes de salud para realizar ejercicios cardiovasculares. La risa puede producir similares resultados a un costo muchísimo menor. Activa la sangre, expande el pecho, reanima los nervios, y despeja el cerebro. La risa proporciona renovación al cuerpo entero.

Abraham Lincoln entendió los beneficios de la risa cuando

dijo: “Con la pavorosa tensión que pesa sobre mí noche y día, si yo no pudiera reír, debería morir”.

Si no acostumbras a reír, empieza a hacerlo. Inténtalo. Lo disfrutarás. Y si estás teniendo problemas para encontrar algo de que reírte, comienza contigo mismo. Muchas están demasiados impresionados con ellos mismos para disfrutar de su humanidad. Se están perdiendo algunas grandes risas.

Reírnos de nosotros mismos nos da una idea más precisa de quiénes somos. Quiebra barreras entre los demás y nosotros. Nos hace más accesible. Proyecta una personalidad que es cálida y amigable en vez de rígido y formal. La risa es como un imán que atrae a la gente. Y si puedes aprender a reírte de ti mismo, tendrás la garantía de una vida entretenida.

Haz que tu hogar sea un lugar que esté lleno de risas. Eso no será difícil si buscas el humor en las pequeñas cosas de la vida. Empieza.

Con el álbum de fotografías. La risa compartida entre padres e hijos es más efectiva que imponer una hora para el regreso a casa, ellos querrán estar ahí temprano. Es una fórmula garantizada que resulta en niños bien adaptados. Un niño que sabe disfrutar la risa está mejor equipado para enfrentar la vida cuando sea adulto.

La risa es el secreto para tener y disfrutar de una larga vida. Las personas no dejan de reírse porque han envejecido. Ellos envejecen porque dejan de reírse. Aquel que ríe, perdura.

...En las pequeñas cosas

- Nuestros cinco sentidos están incompletos sin el sexto, el sentido del humor.
- No suprimas ni los estornudos, ni la risa.
- Recuerda el desenlace antes de contar un chiste.
- Los mejores chistes son los que no hieren y no son profanos.
- Ríete de ti mismo. Ríe con otros.

- Tú sabes que tienes un buen sentido del humor si puedes reír cuando alguien cuenta tu chiste mejor que tú.
- Ríete de ti mismo tanto como lo hacen los demás.
- Un verdadero sentido del humor no se basa en la humillación de otros.
- Deja graciosas y entusiastas grabaciones en los contestadores automáticos y en los mensajes hablados.
- Si puedes reírte de ti mismo, tienes garantizada una vida de sonrisas.
- Si alguien te cuenta un chiste que tú ya has oído, deja que lo termine y ríe de todas formas.
- Hay un tiempo para estar serio y un tiempo para reír. Aprende a distinguir la diferencia.

- Desarrolla el arte de contar historias que sean cortas, puras y divertidas.
- Si dudas que Dios tiene sentido del humor, entonces mírate en el espejo.
- El humor funciona mejor cuando lleva alegría a los demás.

No critiques para que no te critiquen, porque te han de tratar de la misma forma en que trates a los demás.

Mateo 7.1-2

La Biblia al Día

TREINTA Y UNO

CRITICA Y ANDARÁS SOLO

Jesús hizo una memorable declaración acerca de la crítica cuando la comparó con querer quitar una pieza de aserrín del ojo de alguna persona mientras ignoras el tronco que asoma de tu propio ojo.

Las críticas siempre se enfocan sobre rebuscadas e insignificante pequeñeces. Pequeñas cosas. Tomamos algo que nos molesta acerca de alguna persona (sin importar cuán pequeño sea) y lo exageramos fuera de toda proporción (esto es especialmente cierto con la gente que está más cerca de nosotros). Muy pocas veces nuestras críticas son constructivas.

La verdad es que no criticamos a otros para ayudarlos. Nosotros criticamos para sentirnos más importantes. Terminamos exagerando las fallas de los demás mientras que justificamos o ignoramos nuestros propios defectos.

Si vamos a preocuparnos por analizar las pequeñas cosas en la vida de alguien, entonces que sea nuestra vida. No estamos defendiendo una introspección enfermiza que podría llevarnos a cualquier tipo de conducta anormal, sino una honesta evaluación personal. Ben Franklin (el estadista, no el que sale en las monedas de cinco y de diez centavos) acostumbrada a llevar una lista de virtudes (tales como honestidad, sobriedad, valor, e ingenio) que él deseó en su vida, y que cada día se evaluó a sí mismo para ver si había progresado en ellas.

Una evaluación honesta de ti mismo no es otra cosa sino que permitirle a Dios estar en los detalles de tu vida, ya sean tus cosas o tu personalidad. Cuando tú haces esto te abres camino en busca de tu propio perfeccionamiento. Esto es lo que sucederá: Dios traerá a tu conciencia las áreas donde necesitas mejorar; Él te hablará a través de su Palabra (mientras la lees, por supuesto); y Dios usará gente para darte honestas (y a veces dolorosas) evaluaciones de tu comportamiento.

A través de todas estas formas descubrirás lo que Dios desea para ti. Y probablemente criticarás menos a los demás.

...En las pequeñas cosas

- La gente con poca ambición es excesivamente crítica pues muchas cosas de la vida están fuera de su alcance.
- Motiva, no denigres.
- Escuchar los chismes es tan errado como esparcirlos.
- Los chismes nunca deberían estar disfrazados como una preocupación.
- "Lo siento". Sólo son dos palabras, pero con un potencial ilimitado.
- Si decides enterrar el hacha, asegúrate de que esté

fuera de tu alcance. (Para que no la vuelvas a usar.)

- Tanto la crítica como el éxito son difíciles de manejar, sólo que en el fondo una se disfruta más que la otra.
- Nunca critiques a tu peluquero, al menos no lo hagas mientras te está cortando el pelo.
- La crítica y el encontrar las fallas en los demás no son dones del Espíritu.
- Una palabra hablada con ira no puede ser borrada. Suena una y otra vez.
- Camina sobre las suelas, no sobre las vidas de los demás.
- Sé generoso con elogios y mezquino con las críticas.
- Empequeñecer a los demás, es ser pequeño.

- Aprecia las diferencias en vez de criticarlas.
- La urgencia por criticar a los demás generalmente nace de los resentimientos.
- Si haces un esfuerzo para pasar por alto las pequeñas faltas de los demás, ellos harán lo mismo con las tuyas.
- Mejor que tomar las críticas personalmente míralas objetivamente.
- Aprende a distinguir entre las críticas constructivas y las destructivas.
- Está bien hacer críticas constructivas si se hacen con amor.
- Es imposible criticar en forma destructiva a una persona y amarla al mismo tiempo.

No finjas amar; ama de veras…
Ámense con cariño de hermanos y
deléitense en el respeto mutuo.

Romanos 12.9-10
La Biblia al Día

TREINTA Y DOS

Las relaciones interpersonales requieren tiempo

Hace cien años, nuestra sociedad estaba influencia en gran manera por la cultura de la granja. Era un estilo de vida más lento. Había una estación para sembrar, una estación para cultivar, y otra estación para cosechar. Había un esquema natural a seguir y períodos de tiempo para la vida que no podían adelantarse.

Hoy vivimos en una sociedad tecnológica donde las cosas nunca suceden lo suficientemente rápido. Todo es instantáneo, desde los alimentos de avena hasta las noticias. Todo es rápido, desde la comida hasta los faxes. Incluso nos sentimos frustrados cuando nos lleva algunas milésimas de segundo demás hacer que la computadora se encienda. Nuestra sociedad está caracterizada por palabras como: "listo para el día siguiente", "autoservicios", y "acceso directo al sistema". Nos tornamos impacientes con cualquier cosa que nos lleva tiempo.

Hay un aspecto de la vida que no puede hacerse precipitadamente: construir una estrecha relación con otra persona. Puedes conocer a una persona "en el momento", pero una amistad no sucederá en forma instantánea. Tampoco se desarrollará de la noche a la mañana. Es algo que lleva *tiempo*. La riqueza más preciada de nuestra "acelerada" sociedad debe ser invertida a largo plazo si es que esperas tener una amistad plena y basada en la confianza.

Cultivar una amistad no es diferente a cultivar una cosecha. Tiene que haber un tiempo de *siembra*: Encontrar intereses comunes toma tiempo. Luego de esos contactos iniciales viene un tiempo de *cultivo*: La amistad es nutrida más allá de los intereses comunes que puedan existir según comiences a apreciar las diferencias de cada uno, las cuales son descubiertas únicamente pasando tiempo juntos. Conforme la relación madura, puedes iniciar una etapa de *cosecha* que podrá durar toda la vida: Esto es cuando la amistad prueba ser una fuente de fortaleza y aliento para ti.

Todos nosotros queremos tener amistades valiosas. Deseamos relaciones que estén basadas en la confianza y lealtad, que vayan más allá de la mera cortesía hasta "hacer lo que sea por el otro". Tú puedes tener este tipo de amistad, pero llevará tiempo. Tu tiempo.

...En las pequeñas cosas

- Hay muchas áreas en tu vida que requieren constante mantenimiento: tu patio, tu cochera, tu casa, y tus relaciones interpersonales.

- Cuando alguien hace algo bueno por ti, nunca lo olvides.

- Cuando tú haces algo bueno por alguien, olvídalo inmediatamente.
- Sé rápido para recibir la verdad, y aun más rápido para cortar con los chismes.
- Sé un pacificador.
- No prestes tanta atención a lo que una persona dice de sí misma.
- Presta mucha atención a lo que otros dicen acerca de esa persona.
- Presta muchísima atención a lo que esa persona dice acerca de otros.
- Haz preguntas.
- Una sonrisa es tu complemento más importante.
- Examina las faltas en tu vida a la luz de lo que más te irrita de los demás.

- Oblígate a los proyectos; dedícate a las personas.
- Haz algo por alguien sin sacar provecho.
- Dedica más tiempo, energía, y recursos invirtiendo en la gente que invirtiendo en cosas.
- Asóciate con personas que te levanten el ánimo.
- Evita asociarte con personas que te hunden en el desánimo.
- Busca a personas calladas. Tienen mucho para decir.

Porque desde el principio se nos ha estado enseñando que debemos amarnos unos a otros.

1 Juan 3.11
La Biblia al Día

TREINTA Y TRES

CÓMO AMAR REALMENTE A TU CÓNYUGE

Hay cuatro maneras de amar a tu cónyuge (este sería un buen momento para repasar el Capítulo 3). Pero sólo una de ellas mantendrá unido tu matrimonio.

Puedes sentir afecto por tu cónyuge. Puedes considerar a tu cónyuge como tu mejor amigo. Y tu vida sexual puede ser tan maravillosa que hasta la doctora Ruth quisiera escucharlo todo. De hecho, es posible tener esos tres sentimientos por tu cónyuge, lo cual es grandioso. Pero sólo hay un problema, los sentimientos van y vienen, especialmente en el matrimonio. Un día tú y tu cónyuge son los mejores amigos, y al día siguiente no se pueden ver la cara el uno al otro. Esto sucede. Y muchos matrimonios terminan separándose a causa de que las parejas basan todas las cosas en sus sentimientos.

Esto nos lleva a un cuarto amor, el único amor que mantendrá tu matrimonio unido, mientras ambos tomen en serio este tipo de amor. Ese amor tiene un nombre gracioso, amor *ágape*, el amor que desea lo mejor para la otra persona. Este es un amor desinteresado que busca dar más que recibir. Este es el amor que lleva trabajo.

Si lo miramos de otra manera: *Amor está en los detalles.* Para el esposo, esto significa prestar atención a las pequeñas cosas. Es decir, recordar y planificar celebraciones especiales de aniversarios y cumpleaños (sugerencias: a ella le encantan las flores, una cena, y una salida de fin de semana). También implica ayudar en las tareas de la casa, especialmente si tu esposa tiene una carrera que la obliga a estar fuera de la casa. Y significa (bueno, muchachos, aquí va algo muy duro) en efecto, sentarse a tener profundas conversaciones entre ambos.

Para una esposa, *amor en los detalles* significa mostrar interés en el trabajo y afecciones de su esposo. Significa tomar un respiro entre oraciones, para oír lo que él está pensando, incluso cuando él simplemente gruña (aprende a interpretar sus gruñidos, hay muchos matices de importancia). Y también significa brindarle tu apoyo y aliento (afrontarlo, tu esposo es más inseguro de lo que aparenta, todos los hombres lo son).

Si amar a tu cónyuge desinteresadamente representa un desafío para ti, piensa en la manera que Jesús te ama. La Biblia dice que Jesús de buena gana "se hizo a sí mismo nada" para servir por completo a aquellos a quienes amó. Y ahora Él pide que tú ames a tu cónyuge de esa misma forma sacrificada.

...En las pequeñas cosas

- Amar a tu cónyuge no es suficiente. Aprende a demostrar tu amor.
- Felicita a tu cónyuge con elegantes palabras.
- El perdón es el corazón del amor.

- Mira hacia atrás y recuerda algo que realmente admirabas de tu cónyuge durante el tiempo de noviazgo.

- Planifica una escapada romántica al año con tu cónyuge.

- Pon una fecha para ir a cenar afuera con tu cónyuge al menos una vez al mes.

- Dile a tu cónyuge: "Te amo" al menos una vez al día. Dilo todo el tiempo con tus ojos.

- Celebra el cumpleaños de tu cónyuge, pero evita el hacer chistes con respecto a su edad.

- Demuestra ahora el mismo entusiasmo por estar casado como cuando estabas por casarte.

- Recuerda cuando te casaste.

- Recuerda dónde te casaste.

- Recuerda por qué te casaste.
- Guarda lealtad a tu cónyuge. Expresa tu admiración en público.
- Un matrimonio puede ser una gran inversión que reditúa grandes dividendos, si posees el interés.
- Obsequia a tu cónyuge un regalo aunque no haya ninguna razón para hacerlo.
- Si expresas amor hacia tu cónyuge frecuentemente, nunca tendrás que preguntarte si tu cónyuge te ama.
- Cambia tu auto por otro, pero no cambies a tu cónyuge.
- Abraza a tu cónyuge.

Los hijos son un regalo de Dios; recompensa suya son.

Salmo 127.3

La Biblia al Día

TREINTA Y CUATRO

EL REGALO PERFECTO PARA TU HIJO

No son escasas las ideas para encontrar un buen regalo para tu hijo. Millones de dólares en publicidad son destinados para dirigir la atención hacia el regalo "perfecto" . Te sientes culpable si no encuentras algo que pueda educar, estimular, y edificar su propia estima, todo al mismo tiempo (y tiene que ser políticamente correcto, biodegradable, y bilingüe, también). La gente de mercadeo sabe que el precio no es objetado porque el regalo será para tu hijo, y sólo aceptarás lo mejor.

Bien tenemos una sugerencia para el regalo perfecto. No es fácil de encontrarlo, y es extremadamente caro, pero garantizamos que durará para toda la vida y será el regalo favorito de tu hijo. Estamos hablando de tu *tiempo*.

La necesidad más grande de tu hijo es la seguridad de saber que tú cuidas de él. No hay una mejor manera de demostrar tu amor que pasando tiempo con él. Las horas invertidas en tu hijo producirán dividendos ahora y en el futuro. Estarás edificando una relación, momento tras momento, que será la base para una amistad que durará toda una vida entre ustedes dos.

No te dejes llevar por el mito de la "calidad de tiempo", que es un admirable objetivo, pero no debería ser usado como una excusa para perder "cantidad de tiempo" con tu hijo. Los momentos de calidad por lo general no pueden ser planificados. Suceden espontáneamente, sin aviso previo, en circunstancias que tú no anticipaste. Esos preciosos momentos de enseñanzas serán iniciados por tu hijo, mientras tú estás jugando en el patio de atrás, manejando en el auto, o clavando la mirada sobre un gusano en el lodo. Para tus niños, todo el tiempo que tú pasas junto a ellos puede ser "tiempo de calidad" porque es entonces que ellos tienen lo que es más importante para ellos, tu atención.

Esto no es un regalo que se consigue en forma barata. Te costará. Es posible que tengas que renunciar a otras actividades. Tendrás que decir "no" a otras personas. Puede que tengas que hacer a un lado algunos objetivos personales o aficiones por un par de años. Pero no te preocupes. Aquellas otras cosas y amigos seguirán estando más tarde, pero los años de niñez pronto se van para siempre. Ellos no retornan.

Dale a tu hijo el regalo de tu tiempo. Seguro, hay limitaciones, pero nunca hemos visto una lápida de sepulcro que diga: "Ojalá nunca hubiera pasado tanto tiempo con mis hijos".

...En las pequeñas cosas

- Enseña a tus hijos a hacer más de lo que se les ha pedido que hagan.
- Ayuda a tus niños a descubrir sus habilidades dadas por Dios, y entonces a que las desarrollen.

- Habla con tus hijos, no hacia ellos.
- Siéntate con tus hijos, no sobre ellos.
- Enseña a tus hijos con tus palabras (asegúrate que sean cariñosas), con tus acciones (asegúrate que sean ejemplares), y con tu temperamento (asegúrate que sea controlado).
- Una buena educación debe comenzar inculcando honestidad en tus hijos.
- Enseña a tus niños a ser responsables desde temprano.
- Deja que tus niños te ayuden a planificar tus próximas vacaciones.
- Cuando hablas a tus hijos, ponte a su nivel y míralos a los ojos.
- Abraza a tus niños.

- Lleva a tus niños a tomar un helado después que han estado practicando deportes, drama, o música, especialmente si ellos no lo hicieron muy bien.

- Asiste a cada evento para padres que se lleve a cabo en la escuela de tus hijos.

- No te pierdas esos "primeros" en la vida de tu hijo: la primera palabra, el primer paso, el primer día de escuela, la primera graduación, el primer juego ganado, el primer juego perdido, el primer gran desconcierto, el primer gran logro.

- Besa a tus niños todas las noches antes de acostarte, aunque se despierten.

Enséñale al niño a elegir
la senda recta, y cuando sea
mayor permanecerá en ella.

Proverbios 22.6
La Biblia al Día

TREINTA Y CINCO

CÓMO AMAR REALMENTE A TU HIJO ADOLESCENTE

Cada generación de adolescentes a partir del año 1960 ha estado caracterizada por la desconfianza por parte de los adultos y fueron calificadas de tener actitudes de rebeldía. Puedes oírlo en su música. Puedes mirarlo en la forma en que ellos se visten. Sin embargo, su actitud es totalmente comprensible si consideras el mundo desde su perspectiva. Sus líderes gubernamentales son hipócritas, todo lo que ellos dicen es por conveniencia política; sus héroes deportivos demuestran ser egocéntricos millonarios que no pueden firmar un autógrafo para un muchacho sin un pago previo; y sus líderes religiosos caen en desgracia porque no cumplen con sus vidas lo que enseñan en sus sermones. En resumen, los adolescentes son rápidos para criticar lo que los adultos toleran: El mundo está lleno de modelos hipócritas y falsos.

Si tú tienes un hijo que es adolescente, entonces establece un ejemplo que tu hijo pueda seguir. Es fácil decirlo, pero difícil de cumplir. Nadie te conoce mejor que tu hijo adolescente. Nadie te ve tan a menudo y en tantas circunstancias diferentes. Los días buenos y los días malos. Trabajando y jugando. Cuando estás tranquilo o cuando estás tensionado. Tu hijo adolescente está allí: mirando y analizando; viendo si tus acciones concuerdan con tus palabras.

Para tu hijo adolescente, tus palabras no son dignas de confianza hasta que se reflejen en tus acciones.

- ¿Quieres que tu hijo aprenda el significado de la honestidad? Entonces sé honesto tú mismo. Admite cometer un error; reconoce que tú tienes todas las respuestas (porque tu hijo adolescente ya sospecha que tú eres fanfarrón); y no encubras tus propios defectos.

- ¿Quieres que tu hijo adolescente tenga un carácter moral? Entonces no hagas promesas a menos que puedas cumplirlas. Sé justo y equitativo en establecer las reglas de la casa. No exijas ningún comportamiento de tu hijo adolescente que tú mismo no muestres consistentemente.

Tú ya eres un ejemplo para tu adolescente, intentes serlo o no. La pregunta es qué *clase* de ejemplo eres. No solamente *hables* a tu adolescente acerca de la vida; muéstrale lo que quieres decirle a través de tu vida.

...En las pequeñas cosas

- Si tus hijos no tienen convicciones claras, se dejarán llevar por la corriente.
- Cada adolescente debería saber que las elecciones que hacen tienen consecuencias.

- Algunas adversidades son simplemente los resultados de malas elecciones.

- Alaba a tu hijo adolescente tan pronto como ese pensamiento cruce por tu mente.

- Haz de tu hogar un lugar donde tus hijos puedan traer a sus amigos.

- Dile a tus hijos que ellos tienen un futuro especial y entonces haz todo lo que puedas para ayudarles a realizar sus sueños.

- Pregúntale a tu adolescente que nombre a sus héroes. Probablemente te sorprenderás.

- Hay un delicado equilibrio entre respetar la privacidad de los hijos y conocer lo que está sucediendo en sus vidas.

- Conoce la diferencia entre ser tolerante y ser permisivo.

- Combate la tendencia natural de hablar en vez de escuchar a tu adolescente.
- Hay aquellos que experimentan alegría y terror simultáneamente. Pregunta por el padre cuyo adolescente ya ha obtenido la licencia de conducir.
- Anima a tus hijos a desarrollar su propio estilo.
- Persuade a tus hijos que hay más para vivir que la comida rápida.
- El próximo día de lluvia, muéstrale a tus hijos las fotos de cuando eran bebés.

No tengo mayor gozo que éste: oír que mis hijos andan en la verdad.

3 Juan 4

La Biblia de las Américas

TREINTA Y SEIS

CUANDO TUS HIJOS SE MARCHAN DE CASA

Tal vez has seguido de cerca el progreso que tu hijo ha dado, desde los pañales hasta el diploma. Durante ese tiempo, fue tu hijo quien hizo la mayoría de los cambios. Ahora es *tu* turno, porque la entrada de tu hijo a la adultez requerirá mayores ajustes en tu papel de padre. Has pasado casi dos décadas "llevando de la mano" a tu hijo encargándote de su vida. Ese tiempo quedó atrás. Prepárate ahora para ser un "consejero externo".

Una vez fuera de casa, tu hijo vive independiente, sin obligación alguna de rendirte cuentas. ¿Cómo demuestras tu interés y preocupación sin ser acusado de entrometido? Aquí van algunas sugerencias:

Continúa observando, pero no investigando. Tú eres curioso con lo que está pasando en la vida de tu hijo. No hay nada de malo en eso. Pero asegúrate que tu hijo se dé cuenta que tu curiosidad es sincera y no con ánimos de juzgar. Después de todo, tu hijo es responsable por sus propias acciones, y habrá resentimientos si tu hijo percibe que tú lo estás vigilando.

Aprende a escuchar en vez de sermonear. Sé rápido para escuchar y lento para hablar. Tú quieres crear una relación que fomente la comunicación. Esto no sucederá si cada conversación termina con un regaño.

Da un consejo sólo cuando te lo pidan. Tú estás angustiosamente consciente de que tu hijo aún tiene mucho que aprender, y tienes una generación más de experiencia de la cual tu hijo podría beneficiarse. Lamentablemente, tu hijo no puede darse cuenta de este hecho tan obvio en un principio. Pero espera. Porque tarde o temprano, y luego de agotar sus propios recursos, podrías oír emocionado: "¿Qué piensas tú que debería hacer?"

Haz preguntas con el propósito de orar, no de espiar. Olvida esas largas listas de quejas y técnicas de interrogación como "quién, qué, cuándo", que utilizabas cuando tu hijo era un adolescente. Opta por otros tipos de preguntas más genéricas, tales cómo: "¿Cómo quieres que ore por ti?"

Tu amor por tu hijo o hija no disminuye cuando se hace adulto y deja la casa. Pero la forma en que interactúas con tu hijo será drásticamente diferente. Aprecia esa diferencia. Tu hijo ciertamente lo hará.

...En las pequeñas cosas

- Pasa tiempo con tus hijos ahora, y ellos pasarán tiempo contigo después.
- No tendrás ninguna alegría más grande que oír que tus hijos caminan en la verdad.
- Preocúpate más por la herencia que dejarás a tus hijos que por la que recibirás de tus padres.

- Enseña a tus hijos de alguna manera a través de tu vida.
- Demasiadas ventajas para tus hijos se transformarán en desventajas.
- Lleva a tus hijos a almorzar regularmente.
- Acepta a tus hijos por lo que son y no por lo que quieres que sean.
- El papel de padre no consiste en hacer todas las mejores elecciones para sus hijos, sino enseñarles cómo elegir por sí mismos.
- Continúa siendo un ejemplo para tus hijos aun cuando no estén a tu alrededor.
- Enseña a tus hijos a ver a Dios en las pequeñas cosas de la vida.
- Algún día serás un amigo de tu hijo, pero nunca dejarás de ser padre.

- Continúa abriéndole paso a tus hijos para que se desarrollen en la vida.
- Honra a los abuelos de tus hijos.

Las cosas secretas pertenecen
al Señor nuestro Dios, más las
cosas reveladas nos pertenecen a
nosotros y a nuestros hijos para
siempre, a fin de que guardemos
todas las palabras de esta ley.

Deuteronomio 29.29
La Biblia de las Américas

TREINTA Y SIETE

LAS FAMILIAS SON PARA SIEMPRE

La familia debe ser bastante importante, pues Satanás has estado tratando de destruirla desde el comienzo de los tiempos. No estamos diciendo que debemos volvernos extremadamente dramáticos aquí, pero queremos llevarte por un pequeño recorrido a través de la historia (vamos a usar la Biblia) y a mostrarte por qué lo que te estamos diciendo es verdad.

En el comienzo de la Biblia (y el comienzo de los tiempos), Dios creó la familia. Hizo al hombre (Adán) y a la mujer (Eva) y los unió en una familia. Entonces vino la serpiente (también conocida como Satanás) para destruir la primer familia incitándoles a desobedecer a Dios, lo cual lo hicieron. Sólo que Satanás no apartó lo que Dios había unido. Dios preservó la familia, y prometió que en algún tiempo en el futuro un Salvador vendrá de la desobediencia de Adán y Eva (su nombre era Jesús) para derrotar a Satanás.

Rápidamente avanzamos a Egipto, aproximadamente tres mil quinientos años atrás. El gran Faraón estaba edificando su imperio y sus monumentos mediante la explotación de los esclavos hebreos. Dios oyó el clamor de ellos y llamó a un salvador (su nombre era Moisés) para rescatar a su pueblo. Faraón, indudablemente inspirado por Satanás, consideró que había demasiadas familias hebreas. Así que, para atenuar la situación, decretó que todos los bebés nacidos varones deberían morir. El plan casi tuvo éxito, excepto que Dios preservó al bebé Moisés, quien crecería para liderar al pueblo de Dios para salir a Egipto. A causa de que la nación hebrea fue preservada, la línea familiar desde Adán y Eva hasta el futuro Salvador fue inquebrantable.

Ahora nos adelantamos nuevamente a Palestina aproximadamente dos mil años atrás. El rey Herodes, quien gobernó la región para Roma, oyó acerca de un nuevo rey que había nacido en Belén (su nombre era Jesús). Temiendo por su trono, e indudablemente inspirada por Satanás, Herodes decretó que todos los bebés hebreos que nacieran varones deberían morir. Una vez más, Dios preservó la familia y nuestro futuro enviando un ángel a María y José, quien los guió a huir hacia Egipto con su divino Hijo.

Dios siempre ha tenido un plan para salvar a la humanidad. Y su plan siempre ha involucrado la familia. Sin la familia y los esfuerzos de Dios para preservarla, Moisés y Jesús nunca habrían nacido. Nunca hubiera habido un Salvador para Israel un Salvador para el mundo.

El doctor James Dobson una vez dijo que la familia es la forma más efectiva para que el mensaje de las Buenas Nuevas se transmita de una generación a otra. Es el motivo por el cual Satanás desea destruir la familia: es porque desea destruir el Mensaje. Por esa misma razón, la familia continúa siendo atacada hoy. Echa una mirada a tu propia familia. ¿En qué condiciones se encuentra? ¿Qué estás haciendo para preservar y fortalecer tu familia para que tus hijos, y los hijos de tus hijos estén seguros de oír el mensaje de las Buenas Nuevas?

Dios ama a tu familia. Él conoce y ama cada detalle de tu familia, y está contando contigo para que lo ayudes a preservarla para su gloria.

...En las pequeñas cosas

- Establece tradiciones familiares y síguelas fielmente.
- Sé tan considerado con tu familia como lo eres con tus amigos.
- Sé tan cortés con tu familia como lo eres con extraños.
- La amistad puede extinguirse. Las familias son para siempre.

- Prefiere el amor de la familia que el elogio de los conocidos.
- Siempre hay alguna que otra fruta seca (y ardillas) en cada árbol genealógico.
- Mantente en contacto con miembros de la familia. Es fácil ignorar a aquellos que están más cerca de ti.
- Llama a tu madre, pues sabes cuánto se preocupa.
- Envía tarjetas y notas a tus abuelos en cada ocasión especial, y asegúrate de incluir fotografías actualizadas de la familia.
- Coman al menos una comida al día juntos como familia.
- Desarrolla una actividad recreativa para poder estar toda la familia unida, y entonces disfrutarlo regularmente.

El amigo verdadero es siempre leal, y el hermano es para que nos ayude en tiempo de necesidad.

Proverbios 17.17
La Biblia al Día

TREINTA Y OCHO

Tú necesitas a tus amigos

Es más fácil hacer amigos que ser un amigo. *Hacer* amigos simplemente implica *ser* simpático con la gente que te agrada. Por otro lado, ser un amigo requiere un importante esfuerzo. En vez de esperar que los demás te hagan sentir mejor, tienes que tomar esto mismo como objetivo para dar más valor a sus vidas. Ese es el motivo por el cual realmente no puedes ser amigo de mucha gente. Es posible que casualmente y superficialmente te relaciones con un grupo de conocidos en alguna ocasión (como al compartir la misma sala), pero ser un amigo verdadero lleva tiempo.

Ser un amigo es una elección. Aquí hay cuatro diferentes estilos de amistades con los cuales podrías escoger para involucrarte. Si escoges establecer estas amistades encontrarás gran satisfacción, y enriquecerás la vida de otros.

Escoge ser un *discípulo*. Un discípulo es un alumno. Encuentra a alguien más sabio y espiritualmente más maduro que tú (sugerencia: que esa persona sea preferentemente mayor) así puedes aprender de él o ella. Haz preguntas a esa persona, que la consideras como un mentor, para que se reúna contigo en forma regular. Querrás comenzar un estudio de la Biblia juntos, o simplemente desearás hablar de diferentes temas acerca de la vida.

Escoge ser un *mentor*. Aun mientras estás siendo discipulado, debes estar dispuesto a enseñar a otra persona. Aquí es donde necesitarás ser paciente, pues un mentor normalmente no anda buscando a sus discípulos. Sin embargo, sí tienes algo para ofrecer y tienes tiempo para brindarle tu amistad, las personas te buscarán a ti.

Sé *responsable ante alguien*. En este mundo donde los valores están cambiando y las tentaciones se vuelven cada vez más intensas, tú necesitas estar en un grupo ante el cual te sientes responsable (especialmente los hombres). Al pertenecer a un grupo, deberás disciplinarte a ti mismo para reunirte regularmente (al menos una vez al mes) para hacerse preguntas el uno al otro sobre asuntos que son difíciles y debatir sobre los mismos.

Escoge ser un *prójimo*. Cuando le preguntaron a Jesús cuál era el primer gran mandamiento, sin dudar replicó: Y amarás al Señor tu Dios", y luego rápidamente añadió el segundo mandamiento: "Amarás a tu prójimo como a ti mismo" (Marcos 12.30-31 La Biblia de las Américas). Amar a tu prójimo es más que prestarle tus herramientas o una taza de azúcar a tu vecino. Es cuidar y preocuparse por las pequeñas cosas. Es compartir detalles importantes de tu propia vida. Es ser un amigo de tal forma que tu prójimo vea a Dios en tu vida.

Las amistades son como las inversiones, tendrás lo que pusiste en ella, y tomarán tiempo para que den fruto. Pero las ganancias serán eternas.

...En las pequeñas cosas

- Un amigo es alguien cuyas características más destacadas complementan tus debilidades.
- Ofrécete a ti mismo para ser amigo de otro. Les reconfortará a ambos.
- Tu mejor amigo te criticará en privado y te animará en público.
- Nunca es demasiado tarde para renovar una vieja amistad.
- Las amistades son construidas gradualmente pero pueden ser destruidas rápidamente.
- Ten muchos conocidos y pocos amigos cercanos.
- No establezcas una amistad basada en cosas que a ambos no les gustan.

- Hazte de amigos con personas de avanzada edad y déjalos saber cuánto significa para ti su amistad.
- Haz una lista de seis personas que podrías contar para llevar tu ataúd en tu funeral. Si no puedes contar con seis, desarrolla alguna nueva amistad, o planifica ser cremado.
- Recuerda pedir a la gente que ore por tus necesidades.
- Un buen amigo puede multiplicar tu alegría y disipar tu tristeza.
- Sé leal con tus amigos.
- Retiene a las amistades celosamente; despréndete de tus posesiones fácilmente.
- Selecciona amigos basándote en su carácter, no en sus alabanzas hacia ti.

No te jactes del día de mañana,
porque no sabes qué traerá el día.

Proverbios 27.1
La Biblia de las Américas

TREINTA Y NUEVE

Carpe diem: Apodérate del día

No hay nada que podríamos disfrutar más que sentarnos juntos, precisamente nosotros tres, y hablar acerca de cómo Dios obra en nuestras vidas cada día. ¡Las historias que contaríamos! Cómo el plan de Dios para cada uno de nosotros es único, considera nuestras fortalezas e intereses, y sin embargo es similar, pues todos nosotros vivimos para un mismo propósito: conocer mejor a Dios.

Por supuesto, nos encantaría leer acerca de cómo estás tú conociendo a Dios (y a ti mismo) mejor cada día (sólo tienes que mandar tu historia por correo electrónico a nuestra dirección). En cuanto a nosotros, nos gustaría dejarte este sencillo pero poderoso desafío: *Carpe diem*, que significa *apodérate del día*.

Citando una antigua pero efectiva frase: "Hoy es el primer

día del resto de tu vida". No puedes hacer nada para cambiar el ayer, y sólo Dios sabe con certeza lo que sucederá mañana, así que hoy es el único día que tienes.

¿Cómo aprovechas tu día plenamente? Primero, partiendo de la base de que ya sabes cómo Dios ha trabajado en tu vida en el pasado. Puesto que en Dios "no hay cambio ni sombra de variación" (Santiago 1.17 La Biblia de las Américas) puedes confiar en que Él continuará obrando en cada detalle de tu vida. Segundo, ten fe que Dios ha asegurado tu futuro, no importa lo que suceda, Él te ha dado esperanza.

Si tú vives en el contexto de estas dinámicas creencias, entonces vivirás en el poder de Dios hoy. Cuando tú sabes que Dios obra a través de tus circunstancias, ellas te fortalecerán.

Así que atrévete y haz una diferencia en el mundo. Deja una huella en todos y en cada cosa que toques, a causa de lo que Dios ha hecho en ti.

- Vive la vida con propósito, no por accidente.
- Cuando tengas que elegir entre tomar una escalera mecánica o las escaleras comunes, toma las escaleras comunes.
- Adorna con bellas flores el lugar donde vives y donde trabajas.
- Visita Tierra Santa al menos una vez en tu vida.
- Una vez en tu vida, deja tu casa para tomarte unas vacaciones sin tener idea de lo que vas a hacer ni a dónde irás.
- Sonríe a los bebés.
- Cuando vayas a revelar las fotos, pídelas duplicadas, luego obsequia una copia.

- Presta atención al diseño de las cosas que compras, entonces compra las cosas con el mejor diseño.

- Una gran habilidad es llevar la cabeza y el corazón unidos.

- Recuerda, hay un tiempo para amar y un lugar para amar. En cualquier momento, y en cualquier lugar.

- Siempre ve una milla más… ya sea por un amigo o por un helado de menta con copos de chocolate.

- Un entendimiento activo se asemeja al restaurante Denny`s: siempre abierto.

- Cuando sea que mires hacia atrás en tu vida, sé positivo.

- Si buscas sabiduría más que oportunidades, generalmente estas últimas también le seguirán.

- Cambiar es un proceso, no un evento.

- Sigue las intenciones de tu corazón más que los deseos de tu carne.

- Planea ser espontáneo.

- Invita a alguien a tu casa espontáneamente, sin haberlo planificado.

- Respecto a la eternidad, habrá asientos disponibles tanto en la sección para fumadores como en la de no fumadores. ¿Cuáles prefieres?

- Cuando sea que mires hacia adelante, sé optimista.

- Disfruta cada día, como si fuera el último.

- Cuando pases tiempo con Dios, con su Palabra, y con personas, estarás invirtiendo en la eternidad.

- La gente que pregunta: "¿Por qué?" es la que evita que otros se encarguen de hacer las cosas. En cambio aquellos que dicen: "¿Por qué no?" hacen las cosas.

Pues conozco los planes que
para ustedes tengo, dice el Señor.
Son planes de bien y no de mal,
para darles un futuro y esperanza.
En aquellos días cuando oren, yo
escucharé. Me hallarán cuando me
busquen, si de corazón me buscan.

Jeremías 29.11–13

La Biblia al Día

CUARENTA

Dios en las pequeñas cosas

Fácilmente encontramos a Dios en la naturaleza: en la majestad de un arco iris después de la tempestad y los truenos; en el increíble enredo formado por una colonia de hormigas; en el silencio de una quieta noche de luna; o en el ensordecedor bramido de los poderosos saltos del Niágara. Dios esta allí, y nos maravillamos en las obras de sus manos.

Rápidamente identificamos la mano de Dios en las grandes celebraciones de nuestras vidas: en el nacimiento de un hijo; en el nuevo trabajo que revierte la crisis financiera; o en el choque del auto que destruyó el vehículo totalmente, pero nuestros hijos salieron ilesos. Dios está allí, y le agradecemos por su provisión.

Y aun somos conscientes de la presencia de Dios en medio de la tragedia: en el informe del laboratorio médico; en la terrible noticia; o en el dolor de tener un hogar donde las relaciones están rotas. Dios está allí, y dependemos de Él esperando su fortaleza.

Pero ver a Dios en esas "grandes cosas" de la vida es fácil. Lo más difícil (aunque es un desafío, tiene su recompensa) es ver a Dios en nuestro diario vivir, en las actividades cotidianas. Necesitamos una "perspectiva divina" de los detalles de nuestras vidas. No debemos pasar por alto a Dios en las pequeñas cosas.

Cuando nos damos cuenta de que Dios está en las cosas comunes, nuestra diaria y agobiante rutina de pronto tendrá significado y propósito. Los quehaceres de la casa, tales como cortar el césped o lavar ropa, se convertirán en una oportunidad para expresar nuestro amor y cuidado hacia los demás miembros del hogar. El caminar hasta el buzón de la correspondencia será una oportunidad para saludar al vecino (que bien pudiera estar necesitado desesperadamente de alguna palabra de aliento). El

- Ten una mente lista, un ingenio agudo, y una criteriosa lengua.

- Disfruta las vueltas de la vida.

- Descubre tus dones espirituales. Entonces, involúcrate en un ministerio así puedes usarlos.

- Rehúsa a ser perezoso. Toma control de tu tiempo.

- Sé una persona de principios, apasionada, y pura.

- Cuando mires a Dios en las pequeñas cosas, tu vida llegará a ser más significativa.

Acerca de los autores

Bruce Bickel es un abogado especializado en planificación patrimonial y derecho legal. Pero lo que realmente disfruta es la comunicación con un público en vivo. Se caracteriza por el humor y su pasión es la verdad, ya sea hablando frente a un grupo de hombres de negocios o predicando en una iglesia. Bruce y su esposa, Cheryl, viven en Seattle.

Stan Jantz estuvo dedicado al comercio minorista cristiano durante 25 años antes de aventurarse en mercadeo y la publicidad. Stan y su esposa, Karin, viven en el Condado de Orange, California.

Bruce y Stan han escrito juntos más de cincuenta libros, entre ellos el best seller internacional, *Dios está en las pequeñas cosas.* Su pasión es presentar la verdad de una forma correcta, clara y sencilla, animando a las personas a conectarse de una manera significativa con el Dios vivo.